建设美丽中国书系
building a beautiful China

区域特色产业创新发展水平与对策研究

以青海省为例

刘晓平◎著

Research on the Level and Strategy of Innovative Development of Regional Characteristic Industries

A Case Study of Qinghai Province

中国经济出版社
CHINA ECONOMIC PUBLISHING HOUSE
北 京

图书在版编目（CIP）数据

区域特色产业创新发展水平与对策研究：以青海省为例／刘晓平著. -- 北京：中国经济出版社，2025.6. -- ISBN 978-7-5136-8133-9

Ⅰ. F127.44

中国国家版本馆 CIP 数据核字第 2025PH7145 号

责任编辑　焦晓云
责任印制　李　伟
封面设计　久品轩

出版发行　中国经济出版社
印 刷 者　北京科信印刷有限公司
经 销 者　各地新华书店
开　　本　710mm×1000mm　1/16
印　　张　12
字　　数　200千字
版　　次　2025年6月第1版
印　　次　2025年6月第1次
定　　价　88.00元
广告经营许可证　京西工商广字第8179号

中国经济出版社 **网址** http://epc.sinopec.com/epc/ **社址** 北京市东城区安定门外大街58号 **邮编** 100011
本版图书如存在印装质量问题，请与本社销售中心联系调换（联系电话：010-57512564）

PREFACE 前　言

目前，我国已进入新的发展阶段，要“坚持创新在我国现代化建设全局中的核心地位”。国务院发布了一系列政策，着重强调产业创新升级发展的必要性，为产业创新发展指明了方向，营造了积极良好的政策环境。青海省作为经济欠发达省份，要承担起在生态建设方面的责任，挖掘生态文明方面的最大价值，贯彻新发展理念，立足高原特有资源，积极培育新兴产业，实施创新驱动发展战略，坚定不移走好产业高质量发展之路，以特色优势产业布局推动现代化产业体系再升级。

本书将国内外产业发展理论研究成果与青海省区域产业发展的实际情况相结合，对产业创新发展水平进行实证评价，探索区域特色产业创新发展模式与路径，提出区域产业创新发展与高质量发展的对策建议，为青藏高原地区生态保护与产业发展提供理论支持和政策依据。

本书共四篇：

第一篇，青海省工业技术创新能力评价与对策研究。本篇在分析我国工业与技术创新能力发展现状的基础上，对我国工业技术创新能力进行省际比较；结合青海省工业结构、工业发展规模、工业发展效益与特征分析青海省工业发展现状，通过技术创新投入和产出等指标分析青海省工业技术创新能力发展现状与存在的问题；通过构建计量经济模型，对制约青海省工业技术创新能力的影响因素进行实证分析，然后构建综合评价指标体系，对中西部各省区工业技术创新能力进行统计评价，得出综合排名；之后，根据不同经济发展阶段，选择适合青海省工业企业技术创新发展的模式，提出提升青海省工业企业技术创新能力的对策建议。

第二篇，青海省现代服务业创新能力评价与对策研究。本篇以产业结构演变理论和服务业升级发展理论为基础，分析青海省现代服务业技术创新发展现状，找出影响青海省现代服务业创新能力的因素；通过构建现代服务业创新能力评价指标体系，对青海省现代服务业创新能力进行综合评价，提出提升青海省现代服务业创新能力的对策建议。

第三篇，玉树州生态畜牧业发展水平评价与对策研究。本篇通过分析玉树州生态畜牧业发展现状，指出玉树州在发展生态畜牧业过程中存在的问题；通过构建玉树州生态畜牧业发展水平评价指标体系，采用熵值法、综合分析法、障碍度模型实证评价玉树州生态畜牧业发展水平；提出延长产业链、创新科技生产技术、培养专业人才、实现草畜协调发展、产业融合发展等方面的对策建议，促进玉树州生态畜牧业创新升级发展。

第四篇，三江源国家公园生态旅游业创新发展模式研究。本篇通过实地考察和 SWOT 分析法对三江源国家公园生态旅游资源的空间分布格局与生态旅游业发展现状进行详细阐述及梳理；对比分析了生态旅游与大众旅游的差异性；基于生态承载力与生态文明新理念，提出三江源国家公园生态旅游业创新发展模式构想；运用层次分析法建立评价指标体系对发展模式进行评价选择，得出三江源国家公园在进行生态旅游探索过程中要优先考虑生态承载力与生态文明可持续发展等主要社会生态效益指标的结论；结合生态环境保护与民生改善，提出促进三江源国家公园生态旅游业创新发展的战略对策。

本书对青海省特色产业发展问题进行系统研究，对青海省特色产业创新发展水平进行实证评价，旨在探寻适合生态脆弱地区生态产业创新发展的模式与路径，对欠发达区域经济建设过程中遇到的问题提出解决方案，为区域产业管理与生态产业发展实践部门积累研究资料，对区域经济可持续发展具有重要的指导意义。

本书的出版得到青海大学经济学一流本科专业建设项目与科研项目经费的支持，在数据收集与实地调研过程中得到相关部门的大力协助，在撰写过程中参考了大量国内外相关书籍与研究成果，在此表示诚挚的感谢。

由于作者水平和时间有限，书中难免存在不足，恳请读者批评指正。

刘晓平

2025 年 4 月

CONTENTS 目 录

第一篇

青海省工业技术创新能力评价与对策研究

第二篇

青海省现代服务业创新能力评价与对策研究

第三篇

玉树州生态畜牧业发展水平评价与对策研究

第四篇

三江源国家公园生态旅游业创新发展模式研究

第一篇

青海省工业技术创新能力评价与对策研究①

① 本篇为青海省科技厅软科学项目“青海省工业技术创新能力评价与对策研究”（项目编号：2017-ZJ-608）的研究成果。

改革开放以来，青海省作为资源大省，以丰富的资源为依托，优先发展重工业，形成了新能源、新材料、盐湖化工、有色金属、油气化工、煤化工、装备制造、钢铁、轻工纺织、生物十大特色优势产业，对青海省工业发展乃至全省总体经济增长起到了十分显著的拉动作用。但是，由于缺乏自主创新能力，青海省工业企业发展相对缓慢，缺乏具有自主知识产权的核心技术，科技创新能力较为薄弱，与其他省份有较大差距，缺乏市场竞争力。在此背景下，青海省对工业领域进行了供给侧结构性改革，以推进新材料、光伏光热和盐湖等资源的综合利用，提升企业创新发展能力。要推动经济高质量发展，需要更加重视自主创新投入，加强核心技术研发及知识产权保护，扩大技术创新合作，进一步夯实工业基础，提升技术创新能力。

第1章 我国工业及其技术创新能力发展现状

工业是我国国民经济和实体经济的重要组成部分。近年来，随着新发展理念的深入贯彻落实，我国工业经济转型升级、动能转换、结构调整步伐加快，不同经济类型企业都呈现出平稳较快的发展，促使我国经济保持稳中有进、稳中向好的发展态势。

1.1 我国产业结构现状

从表 1-1-1 中可以看出，2008—2017 年，我国三次产业增加值均稳步上升；2013 年，第三产业增加值首次超过第二产业增加值。我国产业结构逐渐由“二、三、一”转变为“三、二、一”，符合配第-克拉克定理对产业结构的描述。随着经济的发展和人均国民收入水平的提高，第一产业国民收入和劳动力的相对比重逐渐下降，第二产业国民收入和劳动力的相对比重逐年上升，第三产业国民收入和劳动力的相对比重也不断上升。

表 1-1-1 2008—2017 年三次产业增加值 单位：亿元

年份	国内生产总值	第一产业	第二产业		第三产业
			工业	建筑业	
2008	319515.5	32753.2	131727.6	18807.6	136805.8
2009	349081.4	34161.8	138095.5	22681.5	154747.9
2010	413030.3	39362.6	165126.4	27259.3	182038.0
2011	489300.6	46163.1	195142.8	32926.5	216098.6
2012	540367.4	50902.3	208905.6	36896.1	244821.9
2013	595244.4	55329.1	222337.6	40896.8	277959.3
2014	643974.0	58343.5	233856.4	44880.5	308058.6

续表

年份	国内生产总值	第一产业	第二产业		第三产业
			工业	建筑业	
2015	689052.1	60862.1	236506.3	46626.7	346149.7
2016	744127.2	63670.7	247860.1	49522.2	384220.5
2017	827121.7	65467.6	279996.9	54625.7	427031.5

资料来源：《中国统计年鉴2018》。

从图1-1-1中可以看出，第三产业的增幅最明显，其次是第二产业中工业的增幅，第一产业增幅位于第三，第二产业中建筑业的增幅最小。

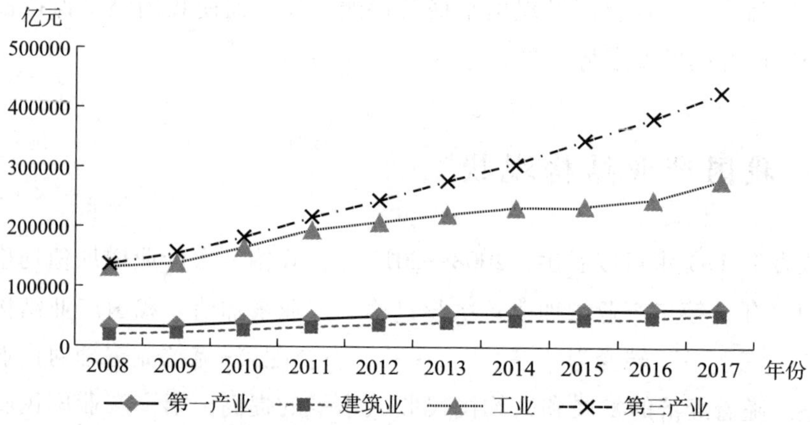

图1-1-1 2008—2017年三次产业增加值

1.2 我国工业的总体发展态势

随着“十三五”规划的提出及《中国制造2025》的实施，我国工业化水平明显提升。从图1-1-2中可以看出，2008—2017年，我国工业贡献率从43.4%下降到31.9%，拉动率从4.2%下降到2.2%，增长率从17.9%下降到12.9%。工业贡献率、拉动率、增长率基本是下降的，符合产业结构由“二、三、一”向“三、二、一”转变的规律。

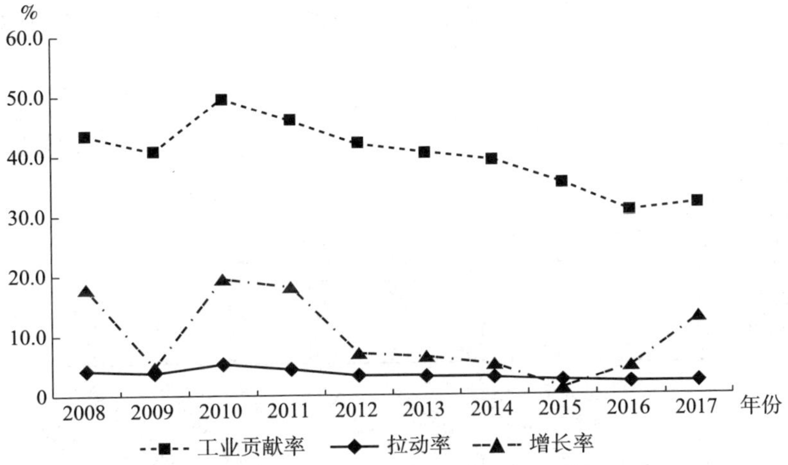

图 1-1-2　2008—2017 年工业贡献率、拉动率及增长率

资料来源：《中国统计年鉴 2018》。

1.2.1　行业分布

如图 1-1-3 所示，2017 年我国规模以上工业企业数量排名前 10 的行业分别是非金属矿物制品业（34489 家），农副食品加工业（24661 家），电气机械和器材制造业（23934 家），通用设备制造业（23655 家），化学原料和化学制品制造业（23366 家），金属制品业（20562 家），纺织业（18726 家），橡胶和塑料制品业（18452 家），专用设备制造业（17760 家），计算机、通信和其他电子设备制造业（16095 家）。排名前 10 行业企业数量占全国规模以上工业企业总数量的 63.48%，呈现出以非金属矿物制品业、农副食品加工业、电气机械和器材制造业为主导，其他各产业蓬勃发展的状态。

如图 1-1-4 所示，就总资产而言，2017 年，我国规模以上工业企业总资产排名前 10 的行业分别是电力、热力生产和供应业（142450.40 亿元），计算机、通信和其他电子设备制造业（88837.09 亿元），化学原料和化学制品制造业（76461.87 亿元），汽车制造业（76132.87 亿元），电气机械和器材制造业（66878.24 亿元），黑色金属冶炼和压延加工业（64252.12 亿元），煤炭开采和洗选业（53417.86 亿元），非金属矿物制品业（51694.49 亿元），通用设备制造业（42431.84 亿元），有色金属冶炼和压延加工业（40798.54 亿元）。

这些行业的资产共计 703355.32 亿元，占全国规模以上工业企业总资产的 62.69%。

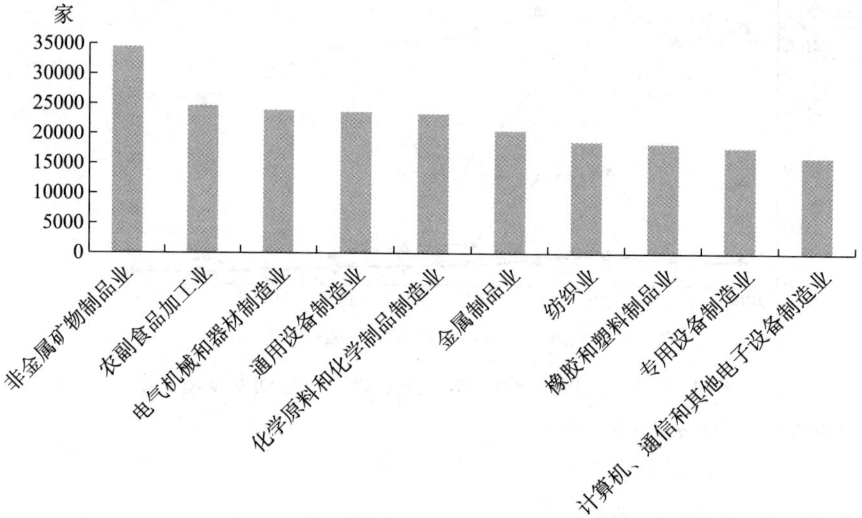

图 1-1-3 2017 年我国规模以上工业企业数量排名前 10 的行业

资料来源：《中国统计年鉴 2018》。

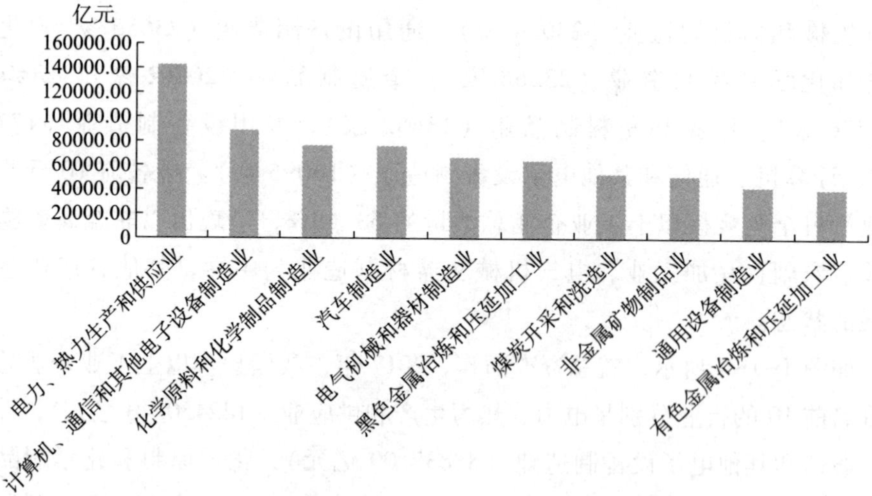

图 1-1-4 2017 年我国规模以上工业企业总资产排名前 10 的行业

资料来源：《中国统计年鉴 2018》。

1.2.2　企业规模分布

2017 年，我国工业行业中的小型企业有 313875 家，中型企业有 49614 家，大型企业仅有 9240 家，三种类型企业数量的比重为 0.842 ：0.133 ：0.025。就主营业务收入而言，2017 年，大型企业主营业务收入为 452178 亿元，占我国主营业务收入总额的 39.91%；中型企业主营业务收入为 269166 亿元，占比为 23.75%；小型企业主营业务收入为 411816 亿元，占比为 36.34%。由此可见，在我国工业行业中，大型企业占主导地位。

1.2.3　企业类型分布

按企业类型分，2017 年，我国规模以上内资企业共 325271 家，港澳台商投资企业 22724 家，外商投资企业 24734 家。三种企业类型的比重分别为 87.27%、6.09%、6.64%，相比于 2016 年的比重 86.91%、6.19%、6.90%，内资企业的比重稍微有所上升，而港澳台商投资企业与外商投资企业所占比重有轻微下降，如图 1-1-5 所示。由此可见，内资企业占绝对优势并在短时间内仍旧保持优势地位。但是，内资企业相对于港澳台商投资企业和外商投资企业往往缺乏自主创新能力，很难开展创新活动。

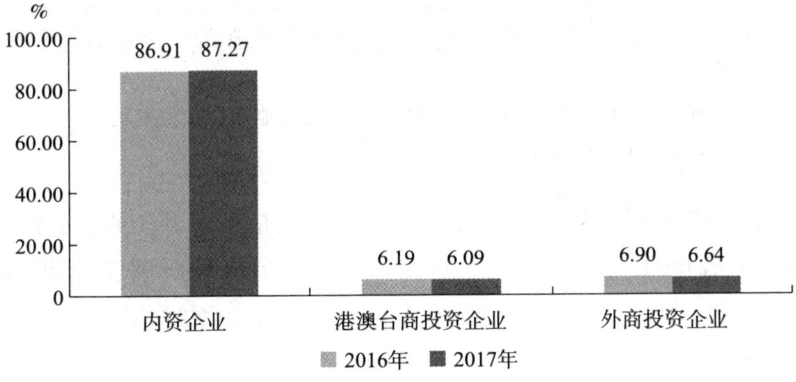

图 1-1-5　2016 年、2017 年我国规模以上工业企业按企业类型对比

资料来源：《中国统计年鉴 2018》。

1.3 我国工业的区域发展态势

从企业数量来看，2017 年，我国规模以上工业企业共 372729 家。从图 1-1-6中可以看出，广东、江苏、浙江、山东 4 个省份的企业数量远高于其他省份。企业数量最多的是广东，共有企业 47203 家；江苏位居第二，共有企业 45414 家；浙江位居第三，共有企业 39949 家；山东位居第四，共有企业 38147 家。西藏、海南、青海、宁夏 4 个省区的企业数量远低于其他省份。

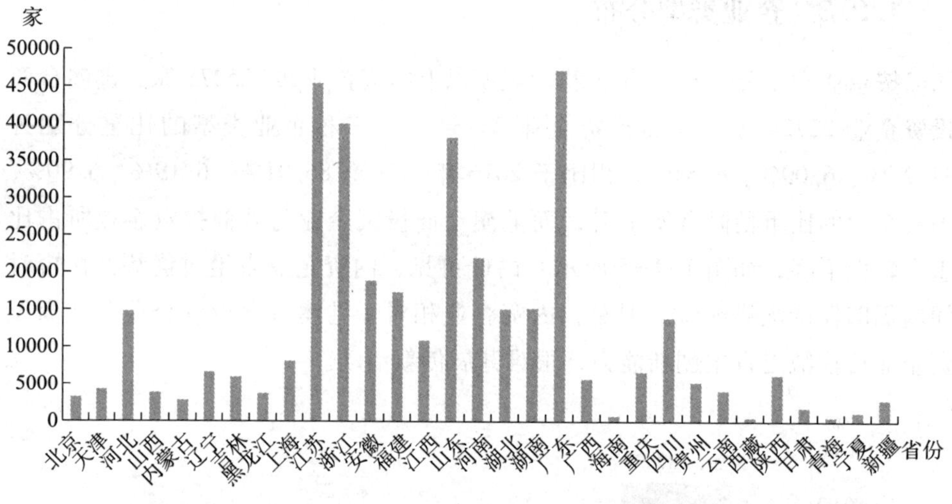

图 1-1-6　2017 年我国规模以上工业企业区域数量对比

资料来源：《中国统计年鉴 2018》。

如图 1-1-7 所示，从工业增加值来看，依然是广东、江苏、浙江和山东最高，这 4 省的工业增加值共 117485.60 亿元，占全国工业增加值的 38.95%；西藏、海南、青海、宁夏 4 省区最低，工业增加值合计 2524.96 亿元，仅占全国工业增加值的 0.84%。

从企业数量和工业增加值上不难看出，我国不同地区工业发展过于悬殊，东部地区企业数量较多，创造的增加值较高，内陆地区企业数量相对较少，创造的增加值相对较低。

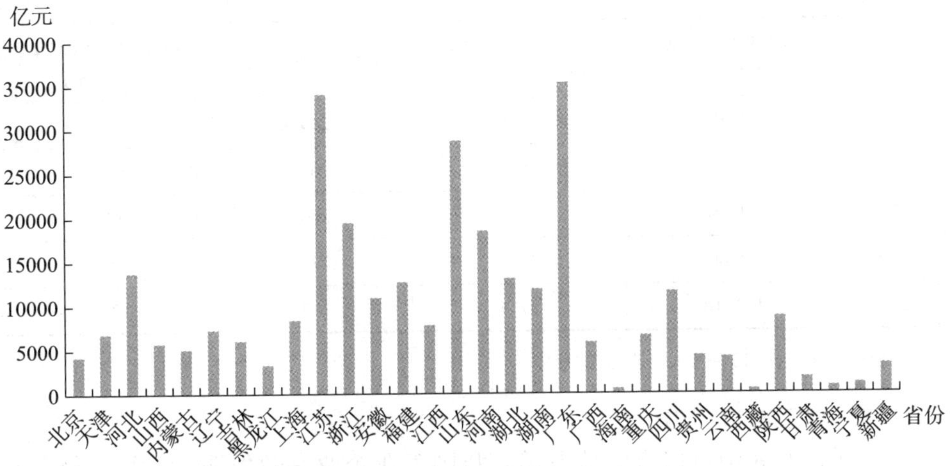

图 1-1-7　2017 年我国规模以上工业企业区域工业增加值对比

资料来源：《中国统计年鉴 2018》。

1.4　我国工业技术创新能力发展现状

习近平总书记在不同场合多次强调，创新始终是推动一个国家、一个民族向前发展的重要力量。我国是一个发展中大国，正在大力推进经济发展方式转变和经济结构调整，必须把创新驱动发展战略实施好。实施创新驱动发展战略，就是要推动以科技创新为核心的全面创新，坚持需求导向和产业化方向，坚持企业在创新中的主体地位，发挥市场在资源配置中的决定性作用和社会主义制度优势，提高科技进步对经济增长的贡献度，形成新的增长动力源泉，推动经济持续健康发展。

1.4.1　我国工业技术创新的规模

（1）技术创新投入

从表 1-1-2 中可以看出，2013—2017 年，有 R&D 活动的企业数、R&D 人员数、R&D 经费内部支出都是稳步增长的。这说明我国工业企业的创新研发规模在不断扩大，企业对科研创新作用的认识在不断深化，越来越重视技术创新活动的推动作用。

表 1-1-2　2013—2017 年中国工业企业技术创新投入

年份	有 R&D 活动的企业数（家）	有 R&D 活动的企业所占比重（%）	R&D 人员数（万人）	R&D 经费内部支出（亿元）
2013	54832	14.8	249.4	8318.4
2014	63676	16.9	264.2	9254.3
2015	73570	19.2	263.8	10013.9
2016	82980	21.3	270.2	10157.4
2017	102218	27.4	273.6	12013.0

资料来源：《中国科技统计年鉴 2018》。

（2）技术创新产出

从图 1-1-8 中可以直观地看出，我国工业企业有效发明专利数在逐年稳步上升，从 2013 年的 335401 项增长到 2017 年的 933990 项，5 年间增长了 178.47%。尽管 2015 年新产品开发项目数有所下降，但并不影响其上升趋势，新产品开发项目数从 2013 年的 358287 项增长到 2017 年的 477861 项，增长率为 33.37%。企业的未来要依靠自主创新，有效发明专利数和新产品开发项目数的不断增加充分反映了企业自主开发能力日益提高。

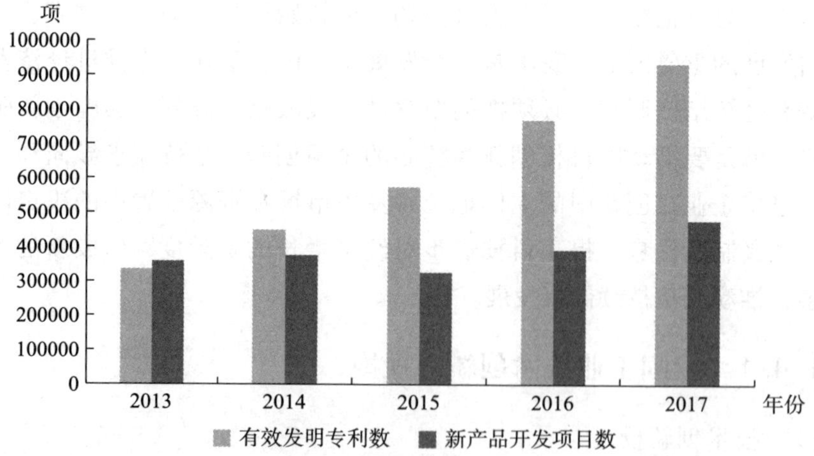

图 1-1-8　2013—2017 年中国工业企业技术创新产出

资料来源：《中国科技统计年鉴 2018》。

（3）创新资金投入

从图 1-1-9 中可以看出，我国政府创新资金投入整体呈上升趋势。2013

年，政府创新资金投入为 2500. 6 亿元，2017 年增至 3487. 4 亿元，整体增加 986. 8 亿元。企业创新资金投入增长趋势明显高于政府，从 2013 年的 8837. 7 亿元增至 2017 年的 13464. 9 亿元，增加了 4627. 2 亿元，是 2013 年的 1. 52 倍。政府创新资金和企业创新资金投入的增加反映出政府支持创新，以及工业企业对自主创新的重视。

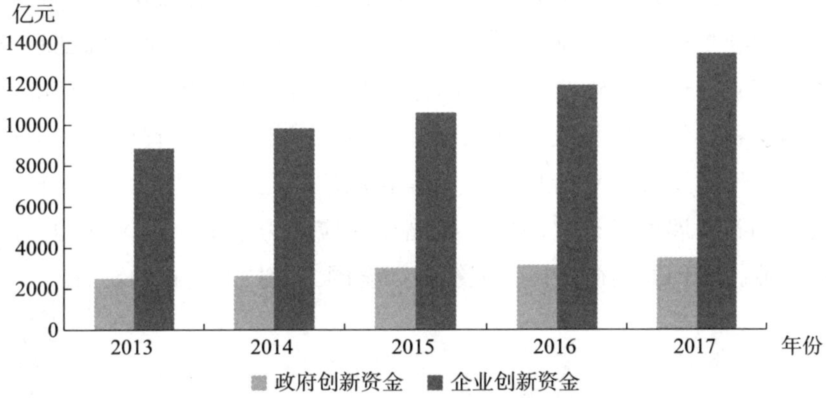

图 1-1-9　2013—2017 年政府和企业创新资金投入

资料来源：《中国科技统计年鉴 2018》。

1. 4. 2　我国工业技术创新能力存在的问题

我国工业技术创新能力还存在很多问题，本书主要从投入和产出两方面进行分析。

（1）工业技术创新投入省际差异较大

从图 1-1-10 中可以直观地看出，我国工业技术创新投入省级差异较大。2017 年，全国 R&D 人员共 4045058 人。其中：广东位居第一，共 696385 人，占全国 R&D 总人数的 17. 22%；第二名为江苏，共 589366 人，占 14. 57%；第三名为浙江，占 10. 98%；山东位居第四，共 385752 人，占 9. 54%。排在最后的 4 个省份分别是西藏、海南、青海和宁夏，它们的 R&D 人员分别为 279 人、3837 人、3852 人、10619 人，占比分别为 0. 01%、0. 10%、0. 09%、0. 26%。R&D 人员投入的省际排名与各省的工业企业数量排名基本一致，说明规模以上工业企业数量直接影响 R&D 人员的数量。

全国 R&D 经费投入共 120129589 万元。其中：排名前四的省份分别是广东、江苏、山东和浙江，R&D 经费投入分别为 18650313 万元、18338832 万元、15636785 万元、10301447 万元，分别占全国 R&D 经费总投入的 15.53%、15.27%、13.02%、8.58%；排在最后四位的依然是西藏、海南、青海和宁夏，排在最后一位的西藏 R&D 经费投入为 3186 万元，仅占全国 R&D 经费总投入的 0.003%。R&D 经费总投入的省际排名与规模以上工业企业增加值的省际排名基本一致，说明工业增加值对 R&D 经费投入有较大影响。

从这两项指标的省际排名不难看出，中西部地区的工业基础创新投入与东部地区相去甚远。导致这种状况的原因是东西部地区各省份的经济发展不均衡。尽管各省份的创新投入都在增加，但短时期内，各省份仍然会保持较大的差距，地区发展不平衡是一个不容忽视的问题，并且终会成为整个国家工业技术创新发展的障碍。因此，我国今后应着力于缩小地区间的差距，使各省份工业技术创新均衡发展，最终推动全国工业技术创新的发展。

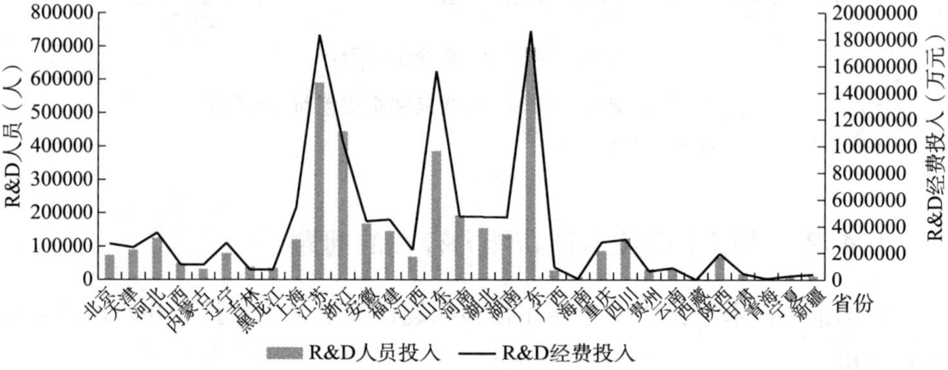

图 1-1-10　2017 年中国各省份技术创新投入对比

资料来源：《中国科技统计年鉴 2018》。

（2）工业技术创新产出省际差异较大

从图 1-1-11 可以看出，2017 年，我国工业新产品开发项目数最多的 4 个省份为广东、浙江、江苏和山东，其新产品开发项目合计数占全国工业新产品开发项目总数的比例为 59.26%，广东的工业新产品开发项目数最多，在全国的占比为 21.58%。工业新产品开发项目数最少的 4 个省区为西藏、青海、海南、新疆，其新产品开发项目合计数占全国工业新产品开发项目数的比例为 4%，西藏的工业新产品开发项目数最少，在全国的占比仅为 0.04%。我国工业有效发明专利数最多的 4 个省份为广东、江苏、浙江、山东，其有效发明专利数占全国工业有效发明专利数的比例为 57. 01%，广东工业的有效发明专利数最多，占全国的 24. 39%；西藏、海南、青海、宁夏 4 个省区工业的有效发明专利数最少，占全国的比例为 3. 9%，西藏工业的有效发明专利数最少，仅占全国的 0. 02%。

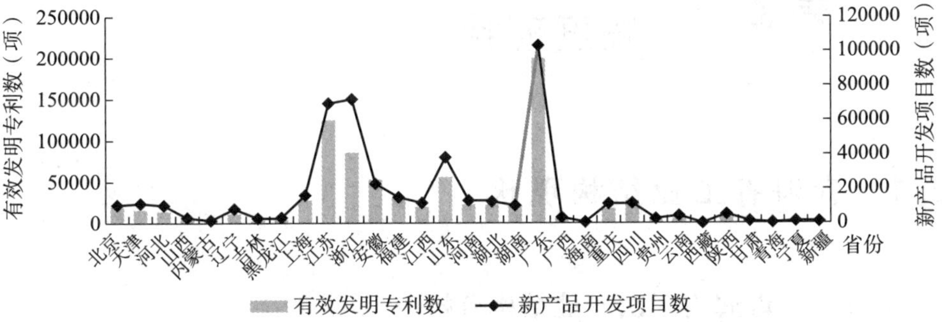

图 1-1-11 中国各省份技术创新产出对比

资料来源：《中国科技统计年鉴 2018》。

综上所述，我国技术创新投入最多的省份都聚集在东部地区，如广东、江苏、浙江、山东等，而技术创新投入最少的省份都在西部地区，如青海、宁夏、新疆、西藏等。各省份在技术创新投入上存在较大差距，东部地区技术创新投入最多的 4 个省份的占比占了全国总数的一半之多，而技术创新投入最少的 4 个省份的占比只有全国的 4%，与东部地区差距较大。工业技术创新产出的省际情况与投入情况基本相同。

第2章 青海省工业与技术创新能力发展现状

2.1 青海省工业结构现状

2.1.1 青海省三次产业结构分析

改革开放以来，青海省第一产业增加值由 1978 年的 3.67 亿元提高到 2017 年的 238.41 亿元，增长了约 64 倍，年均增长速度为 11%；青海省第二产业增加值由 1978 年的 7.71 亿元增加到 2017 年的 1162.41 亿元，增长了约 150 倍，年均增长速度为 13.36%；青海省第三产业增加值由 1978 年的 4.16 亿元提高到 2017 年的 1224.01 亿元，增长了 293 倍多，年均增长速度为 15.27%。统计数据显示，2017 年，青海省地区生产总值为 2642.80 亿元，其中，第一产业增加值增长 4.9%，第二产业增加值增长 7.2%，第三产业增加值增长 7.9%；第一产业增加值占全省地区生产总值的比重为 9.0%，第二产业增加值比重为 44.7%，第三产业增加值比重为 46.3%。由于第三产业的快速发展，青海省三次产业结构得到一定程度的优化，完成了由“二、三、一”向“三、二、一”格局的转变。具体情况见表 1-2-1。

表 1-2-1 1978—2017 年青海省三次产业结构变化 单位:%

年份	第一产业比重	第二产业比重	第三产业比重
1978	23.6	49.6	26.8
1986	27.2	40.1	32.7
1994	23.5	41.7	34.8
2002	13.9	42.4	43.7
2010	10.0	55.1	34.9
2017	9.0	44.7	46.3

资料来源：《青海统计年鉴 2018》。

青海省第二产业对总体经济起着带动作用，而第二产业的关键行业是工业。从工业总体结构来看，青海省属于资源型工业产业结构。从表 1-2-1 中可以看出，2011—2017 年，青海省工业产值占地区生产总值的比重呈逐年下降趋势，从 2011 年的 48.6%降到 2017 年的 29.6%。相关数据显示，青海省工业对地区经济的促进作用在逐渐减弱，然而，虽然其比重在下降，但与其他产业相比，工业仍处于主导地位，见表 1-2-2。

表 1-2-2　2011—2017 年青海省工业产值比重　　单位：%

年份	工业产值比重
2011	48.6
2012	47.3
2013	43.0
2014	41.4
2015	37.0
2016	35.1
2017	29.6

资料来源：《青海统计年鉴 2018》。

2.1.2　青海省工业内部结构分析

从表 1-2-3 中可以看出，电力、热力生产和供应业，有色金属冶炼和压延加工业，化学原料和化学制品制造业，石油和天然气开采业 4 个行业的工业产值占比较大，均在 10%以上，合计 59.48%。电力、热力生产和供应业占比最大，为 19.62%。金属制品、机械和设备修理业，造纸和纸制品业，黑色金属矿采选业，木材加工和木、竹、藤、棕、草制品业，计算机、通信和其他电子设备制造业 5 个行业占工业产值的比重均不超过 0.1%；其中，造纸和纸制品业占比最低，仅为 0.02%。由于受到历史上优先发展重工业政策的影响，青海省工业内部结构呈现出以资源型产业为主的重型化特征，在工业发展中发挥了资源大省的优势。

表 1-2-3　2017 年青海省工业内部结构

单位:%

行业	工业产值
煤炭开采和洗选业	0.95
石油和天然气开采业	10.48
黑色金属矿采选业	0.05
有色金属矿采选业	1.66
非金属矿采选业	0.36
开采辅助活动	0.46
农副食品加工业	2.30
食品制造业	1.95
酒、饮料和精制茶制造业	2.20
纺织业	0.47
纺织服装、服饰业	0.65
木材加工和木、竹、藤、棕、草制品业	0.05
家具制造业	0.09
造纸和纸制品业	0.02
印刷和记录媒介的复制业	0.34
文教、工美、体育和娱乐用品制造业	0.98
石油加工、炼焦和核燃料加工业	7.99
化学原料和化学制品制造业	12.75
医药制造业	2.74
橡胶和塑料制品业	0.17
非金属矿物制品业	4.23
黑色金属冶炼和压延加工业	5.86
有色金属冶炼和压延加工业	16.63
金属制品业	0.37
通用设备制造业	0.82

续表

行业	工业产值
专用设备制造业	0. 16
汽车制造业	0. 16
铁路、船舶、航空航天和其他运输设备制造业	0. 13
电气机械和器材制造业	4. 68
计算机、通信和其他电子设备制造业	0. 08
仪器仪表制造业	0. 17
金属制品、机械和设备修理业	0. 02
电力、热力生产和供应业	19. 62
燃气生产和供应业	0. 20
水的生产和供应业	0. 21

资料来源：《青海统计年鉴 2018》。

从就业结构（见表 1-2-4）来看，2017 年，青海省工业从业人数为 247185 人，占全省从业总人数的 25. 33%。其中：采矿业 41127 人，占工业从业人数的比重为 16. 64%；制造业 178673 人，占比为 72. 29%；电力、燃气及水的生产和供应业 27385 人，占比为 11. 08%。由以上统计数据可知，制造业从业人员最多，但其所占比重总体呈下降趋势，而电力、燃气及水的生产和供应业从业人员比重总体呈上升趋势。这表明，青海省工业就业结构开始优化，但并不明显。

表 1-2-4　2011—2017 年青海省工业分行业就业结构

年份	总人数	采矿业		制造业		电力、燃气及水的生产和供应业	
		人数（人）	比重（%）	人数（人）	比重（%）	人数（人）	比重（%）
2011	225986	34101	15. 09	175320	77. 58	16565	7. 33
2012	235454	34965	14. 85	178356	75. 75	22133	9. 40
2013	263358	56174	21. 33	186431	70. 79	20753	7. 88
2014	257774	48642	18. 87	186525	72. 36	22607	8. 77
2015	255436	44446	17. 40	189252	74. 09	21737	8. 51

续表

年份	总人数	采矿业		制造业		电力、燃气及水的生产和供应业	
		人数（人）	比重（%）	人数（人）	比重（%）	人数（人）	比重（%）
2016	253691	44878	17.69	183976	72.52	24836	9.79
2017	247185	41127	16.64	178673	72.28	27385	11.08

资料来源：《青海统计年鉴 2018》。

2.2 青海省工业发展规模

青海省是西部经济欠发达省份，经过几十年的努力，其经济获得了长足发展，工业已经成为带动全省经济发展的主要动力。近年来，青海省整体经济稳定发展，对工业企业的发展给予了较大支持。2011—2017 年，青海省规模以上工业企业数从 2011 年的 386 家发展到 2017 年的 569 家，增长了 47.41%；工业总产值从 2011 年的 1893.54 亿元增长到 2017 年的 2494.29 亿元，增长了 31.73%；工业增加值从 2013 年开始呈下降趋势；利润总额从 2011 年的 222.85 亿元降到 2017 年的 101.11 亿元，下降了 54.63%。这表明，青海省规模以上工业企业虽然在数量上不断增多、在规模上不断扩大，但获利能力在不断减弱（见表 1-2-5）。

表 1-2-5　2011—2017 年青海省工业发展规模

年份	工业企业数（家）	工业总产值（亿元）	工业增加值（亿元）	利润总额（亿元）
2011	386	1893.54	780.69	222.85
2012	423	2199.81	897.16	168.89
2013	521	2537.1	1019.7	148.81
2014	568	2655.86	953.88	106.19
2015	575	2518.12	893.87	67.85
2016	593	2835.56	901.68	80.02
2017	569	2494.29	790.63	101.11

资料来源：《青海统计年鉴 2018》。

从全国范围来看，青海省工业发展规模劣势明显（见表 1-2-6 和表 1-2-7）。2011—2017 年，青海省工业企业数占全国总数比重均未超过 0.2%，占比最高的年份为 2016 年，也仅为 0.16%，占比最低的年份为 2011 年，为 0.10%。青海省工业增加值占全国工业增加值的比重，2011 年为 0.40%，2017 年最低，为 0.28%，且该比重在 2013—2017 年不断下降。利润总额在全国利润总额中的占比，最高为 2011 年的 0.36%，最低为 2015 年的 0.10%，相差 0.26 个百分点，但 2016 年以后略有回升。

表 1-2-6　2011—2017 年中国工业发展规模

年份	工业企业数（家）	工业增加值（亿元）	利润总额（亿元）
2011	325609	195142.8	61396.33
2012	343769	208905.6	61910.06
2013	369813	222337.6	68378.91
2014	377888	233856.4	68154.89
2015	383148	236506.3	66187.07
2016	378599	247877.7	71921.43
2017	372729	278328.2	74916.25

表 1-2-7　2011—2017 年青海省工业发展规模在全国的占比　　单位：%

年份	工业企业数占比	工业增加值占比	利润总额占比
2011	0.10	0.40	0.36
2012	0.12	0.43	0.27
2013	0.14	0.46	0.22
2014	0.15	0.41	0.16
2015	0.15	0.38	0.10
2016	0.16	0.36	0.11
2017	0.15	0.28	0.14

资料来源：《青海统计年鉴 2018》。

2.2.1　工业企业的规模分布

如图 1-2-2 所示，2017 年，青海省小型企业有 480 家，中型企业有 90 家，大型企业最少，只有 23 家，三者数量比为 0.81∶0.15∶0.04。就主营业务收入而言，2017 年，青海省主营业务收入共计 2080.59 亿元，其中：大型企业 1070.26 亿元，占比最高，为总数的 52%；中型企业 446.09 亿元，占比为 21%；小型企业 564.24 亿元，占比为 27%。由此可见，大型企业占主导地位。

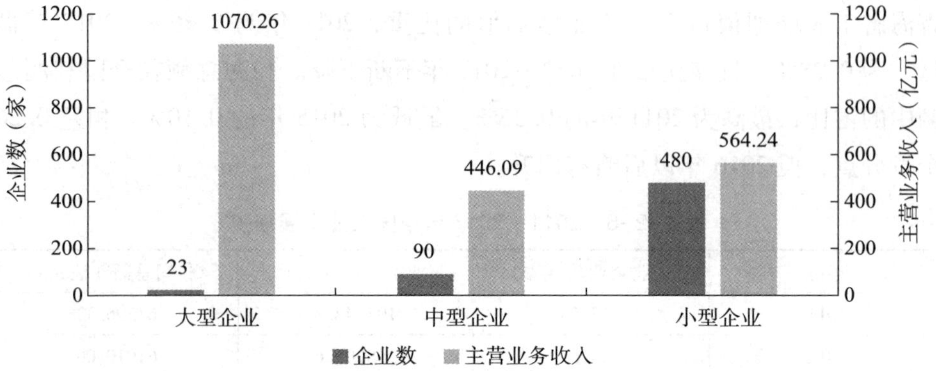

图 1-2-2　2017 年青海省规模以上工业企业规模对比

资料来源：《青海统计年鉴 2018》。

2.2.2　工业企业的行业分布

从行业分布来看，2017 年，青海省规模以上工业企业主要集中在 11 个行业（如图 1-2-3 所示），分别为石油和天然气开采业（1 家），有色金属矿采

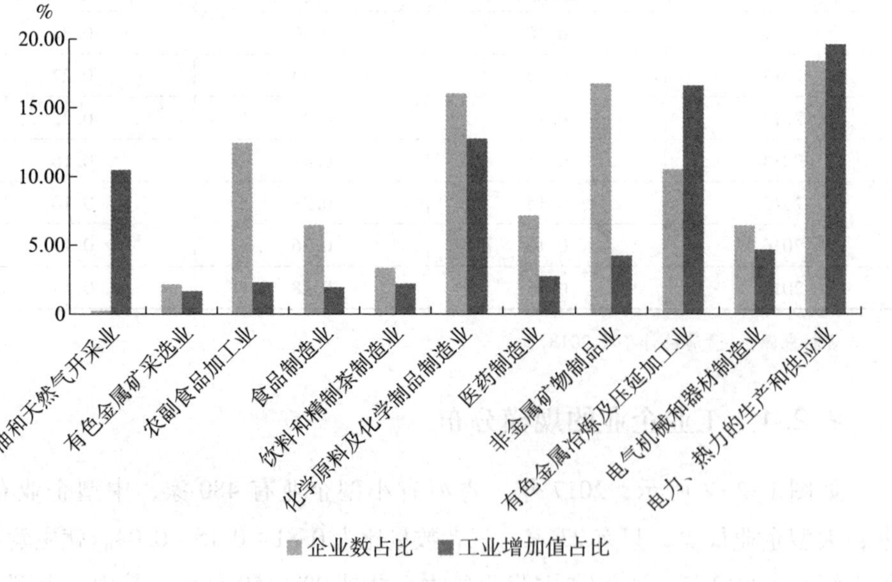

图 1-2-3　2017 年青海省规模以上工业企业行业分布

资料来源：《青海统计年鉴 2018》。

选业（9 家），农副食品加工业（52 家），食品制造业（27 家），饮料和精制茶制造业（14 家），化学原料及化学制品制造业（67 家），医药制造业（30 家），非金属矿物制品业（70 家），有色金属冶炼及压延加工业（44 家），电气机械和器材制造业（27 家），电力、热力的生产和供应业（77 家）。

上述 11 个行业中，工业增加值占比最大的是电力、热力的生产和供应业（19.62%），工业增加值占比最小的是有色金属矿采选业（1.66%）。

2.2.3　工业企业的地区分布

从 2017 年青海省规模以上工业企业区域分布来看，青海省各地工业企业发展并不平衡，大多集中在西宁市，其次是海西州，再次是海东市和海南州，最后是黄南州、海北州、果洛州，如图 1-2-4 所示。从青海省工业企业数来看，占比最高的是西宁市，达到 47.63%，具有绝对的优势；其次是海西州，占比为 24.43%；再次是海东市，占比为 15.11%，海北州、海南州占比在 5%左右；最后是果洛州，占比仅为 0.35%。从青海省工业总产值来看，占比最高的依然是西宁市，达到 60.90%；其次是海西州、海东市，占比分别为 25.99%、10.08%；再次是海南州，占比为 1.79%；最后是海北州、黄南州、果洛州，占比不足 1%。从青海省工业企业的主营业务收入来看，占比最高的是西宁市，达到 61.09%；其次是海西州，占比为 24.7%；再次是海东市、海南州，占比分别为 10.14%、2.1%；最后是海北州、黄南州、果洛州，占比均不足 1%。从青海省工业企业的利润总额来看，占比最高的是海西州，达到 79.44%；其次是海南州，占比为 8.86%；再次是西宁市、海东市，占比均为 5%左右；最后是海北州、黄南州、果洛州，占比均不足 1%。

2017 年，西宁市和海西州规模以上工业企业数分别为 271 家和 139 家，分别占全省总数的 47.63%和 24.43%。2017 年，西宁市规模以上工业企业总产值为 15210808 万元，占全省总量的 60.98%，位居第一；海西州规模以上工业企业工业总产值为 6483232 万元，占全省总量的 25.99%，位居第二。从利润总额来看，海西州占全省总量的 79.44%，在 7 个州市中排名第一，而黄南州占比仅为 0.04%，位居最后，两州之间相差 79.4 个百分点。究其原因，海西州辖区内有“聚宝盆”柴达木盆地，矿产资源丰富，有着较为优越的工业发展基础。具体情况见表 1-2-8。

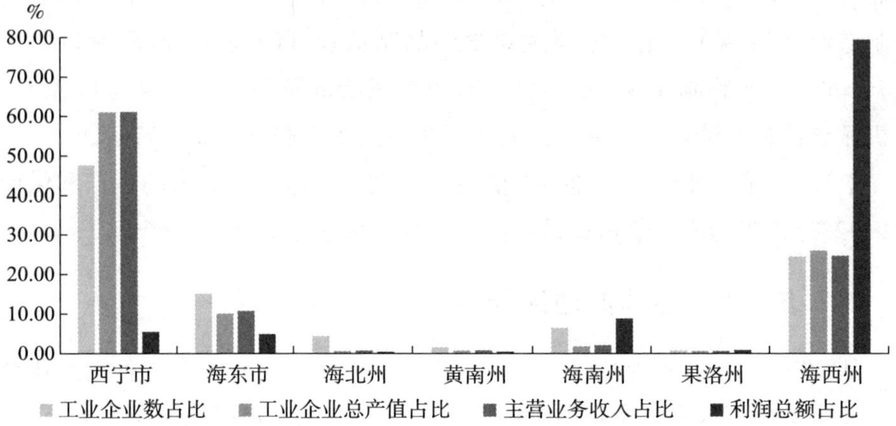

图 1-2-4 2017 年青海省规模以上工业企业区域分布情况

资料来源：《青海统计年鉴 2018》。

表 1-2-8 2017 年青海省分地区工业发展规模

地区	规模以上工业企业数（家）	规模以上工业企业总产值比重（%）	规模以上工业企业利润总额比重（%）
西宁市	271	60.98	5.46
海东市	86	10.08	4.90
海北州	25	0.62	0.43
黄南州	9	0.33	0.04
海南州	37	1.79	8.86
果洛州	2	0.21	0.88
海西州	139	25.99	79.44

资料来源：《青海统计年鉴 2018》。

2.2.4 工业企业的园区分布

工业园区是指一个国家或一个区域的政府根据经济发展阶段和自身经济发展要求，通过行政的、市场的各种手段，集聚各种生产要素，并在一定的空间范围内进行科学整合，使之成为功能布局优化、结构层次合理、产业特色鲜明的工业企业聚集区（或称产业集群）。由于地域广阔、资源分布不均、产业关联程度不同等的制约，青海省形成了以格尔木、西宁为中心，各具特色的工业园区。青海省工业园区发展主要依靠青藏高原丰富的矿产、能源及特色动植物资源。例如：在矿产资源方面，青海省现已发现各类矿产 125 种，其中，50种居全国前10位，在国家经济建设急需的45种矿产中，青海省有21种排在全国前10位。在水电资源方面，黄河上游的水电资源是青海能源的最大优势，共有178座水电站。自1992年格尔木昆仑经济开发区成立以来，青海省工业园区从无到有逐渐发展起来。截至2017年，青海省共有工业园区25个，重点工业园区15个，工业园区共有企业502家，其中，规模以上工业园区企业有291家，占青海省工业园区企业数量的57.97%。2017年青海省工业园区主要经济指标见表1-2-9。

表1-2-9 2017年青海省工业园区主要经济指标

指标	绝对值	增长率（%）
园区企业数（家）	502	5.7
规模以上企业数（家）	291	8.6
工业总产值（万元）	19362369	13.6
工业投资（万元）	6859951	3.7
工业销售产值（万元）	18002166	14.5
利润总额（万元）	349837	186.1

资料来源：《青海统计年鉴2018》。

青海省各大工业园区（见表1-2-10）经过多年开发建设，基础设施配套完善，服务体系不断健全，承载工业发展的能力不断增强，已初步形成以有色金属冶炼加工、太阳能光伏产业、中藏药、生物技术、毛纺藏毯业等为主的特色优势产业，但也存在产业布局零散、产业链条简单、各园区企业之间缺乏主动协作机制、同一产业中的企业因模仿生产而陷入低层次竞争等一系列问题。企业对园区整体的品牌效应和信任机制缺乏充分认识，园区内企业之间协调不够、合作不够。总体来看，没有有效利用园区企业在地理上的便利，在知识、信息、技术、资金、人才等方面进行充分交流，形成互动学习的厂商集聚区，缺少在资源配置和产业链方面的深度协作。2017年青海省15个主要开发区名单见表1-2-10。

表1-2-10 2017年青海省15个主要开发区名单

序号	开发区名称	主导产业
1	西宁经济技术开发区	机械加工、特色资源开发、中藏药
2	格尔木昆仑经济开发区	盐湖化工、新能源、冶金

续表

序号	开发区名称	主导产业
3	青海高新技术产业开发区	装备制造、中藏药、食品
4	青海南川工业园区	藏毯绒纺、新能源、新材料
5	西宁大通北川工业园区	铝电、建材、基础化工
6	青海甘河工业园区	金属、化工
7	海东工业园区乐都工业园	金属、化工
8	海东工业园区临空综合经济园	新能源、新材料、商贸物流
9	海东工业园区民和工业园	铝冶炼加工、铁合金冶炼、碳化硅冶炼
10	海东工业园区互助绿色产业园	青稞酒酿造、生物医药、农畜产品加工
11	海北州生物园区	农畜产品加工、生物制药
12	热水煤炭产业园区	煤炭洗选加工
13	柴达木循环经济试验区大柴旦工业园	盐湖化工、有色金属、煤炭
14	柴达木循环经济试验区德令哈工业园	盐碱化工、新材料、新能源
15	柴达木循环经济试验区乌兰工业园	煤化工、盐化工、新能源

2.3 青海省工业发展效益与特征

2011—2017 年，青海省工业贡献率从 59.90%降至 34.07%，工业拉动率从 8.06%降至 2.48%，工业增长率从 19.00%降到 7.00%，见表 1-2-11。工业贡献率、工业拉动率、工业增长率三者呈逐年下降趋势（如图 1-2-5 所示），原因是随着社会经济的发展，产业结构逐渐向“三、二、一”的方向发展，符合产业结构优化升级的经济规律。

表 1-2-11 2011—2017 年青海省工业贡献率、工业拉动率和工业增长率 单位:%

年份	工业贡献率	工业拉动率	工业增长率
2011	59.90	8.06	19.00
2012	53.50	6.55	15.00
2013	52.50	5.69	12.60
2014	46.35	4.27	9.10

续表

年份	工业贡献率	工业拉动率	工业增长率
2015	43. 56	3. 56	7. 60
2016	34. 23	2. 73	7. 50
2017	34. 07	2. 48	7. 00

资料来源：《青海统计年鉴 2018》。

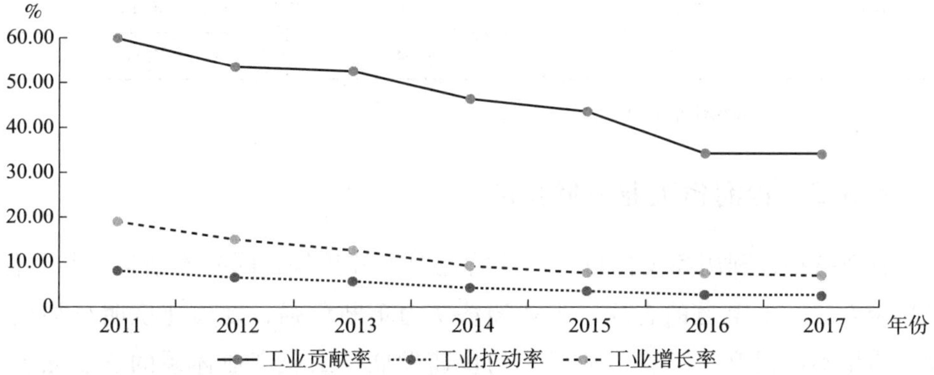

图 1-2-5　2011—2017 年青海省工业贡献率、工业拉动率、工业增长率变化

资料来源：《青海统计年鉴 2018》。

2. 3. 1　青海省工业经济效益

从全员劳动生产率、成本费用利润率和总资产贡献率来分析 2011—2017 年青海省工业经济效益（见表 1-2-12）。2011—2013 年，青海省全员劳动生产率从 366990 元/人提高到 387192 元/人；但 2013—2017 年，青海省全员劳动生产率呈现下降趋势，从 387192 元/人降至 319883 元/人，从侧面说明青海省工业企业劳动者生产积极性下降，技术水平不高。青海省成本费用利润率从 2011 年的 14. 47%降到 2017 年的 4. 94%，这表明青海省工业企业获利能力弱，企业经济效益低。2011—2017 年青海省工业总资产贡献率也呈现出逐年减弱的态势，从 2011 年的 12. 05%降至 2017 年的 4. 96%。以上数据说明青海省工业企业经营成果不理想，技术水平和管理能力较低。

表 1-2-12 2011—2017 年青海省工业经济效益

年份	全员劳动生产率（元/人）	成本费用利润率（%）	总资产贡献率（%）
2011	366990	14.47	12.05
2012	382563	9.57	9.26
2013	387192	7.46	7.98
2014	370045	4.80	6.48
2015	349939	3.21	4.70
2016	355509	3.66	4.44
2017	319883	4.94	4.96

资料来源：《青海统计年鉴 2018》。

2.3.2 青海省工业发展特征

青海省积极利用和发挥自身产业特色及资源优势，同时不断扩展与其他区域全方位、多渠道的合作，工业经济实力不断增强，发展速度明显加快，发展质量不断提升。随着工业经济的快速发展、工业产业体系的逐步完善，青海省形成了新能源、新材料、盐湖化工、有色金属、油气化工、煤化工、装备制造、钢铁、轻工纺织和生物等十大特色优势产业，显示出良好的发展势头。这是青海省加深省情认识，发挥自身优势，注重绿色发展，在新一轮产业结构调整中拓展新空间、寻找新增长点的具体体现。但是，青海省工业仍以资源型为主导，存在以下问题：轻重工业比例不协调，轻工业发展明显滞后于重工业；产业链条短、产品附加值低，工业发展模式为粗放型增长模式；工业企业地区发展不平衡，多分布于经济条件较好的西宁市和矿产资源丰富的海西州。

2017 年，在十大特色优势产业中，有色金属产业总产值占比最高，为 28.07%，煤化工产业总产值占比最低，仅为 0.73%，但是其增加值增速高达 100.1%，说明煤化工产业发展速度快、发展潜力大。轻工纺织业作为十大特色优势产业中唯一的轻工业种类，2017 年的总产值仅占 1.40%，但产业增加值增速为 14.6%，这表明青海省轻工纺织业虽然占比较低，但随着青海产业结构的优化升级，其发展前景较好。根据统计数据，青海省重工业是引导青海工业发展的主力，轻工业占比仍然较低。具体情况见表 1-2-13。

表 1-2-13　2017 年青海省十大特色优势产业
工业总产值占比和增加值增速

单位:%

十大特色优势产业	工业总产值占比	工业增加值增速
新能源产业	3. 03	10. 2
新材料产业	7. 43	22. 5
盐湖化工产业	10. 34	9. 5
有色金属产业	28. 07	6. 7
油气化工	2. 95	4. 2
煤化工	0. 73	100. 1
装备制造业	6. 66	16. 0
钢铁产业	6. 85	-1. 0
轻工纺织业	1. 40	14. 6
生物产业	4. 37	26. 6

资料来源:《青海统计年鉴 2018》。

2. 4　青海省工业技术创新能力发展现状与存在的问题

如前所述，青海省工业化水平不高，工业企业规模小、经济效益低，在未来发展的道路上，必须加强技术创新，以自主创新求发展。2018 年，青海省为实施创新驱动发展战略，确定了企业创新资金项目计划，进一步提高了自主创新能力，增强了企业核心竞争力，获得了自主知识产权。2019 年两会进一步强调，坚持创新发展，努力推动产业的转型升级。

2. 4. 1　工业企业技术创新能力发展概况

2. 4. 1. 1　有 R&D 活动的企业数

青海省工业企业 R&D 活动的主要衡量指标包括有 R&D 活动的企业数、有 R&D 活动的企业数占全部企业的比重。2011—2017 年，青海省工业企业中有 R&D 活动的很少，从整体趋势来看，企业数每年都在增加，但增加的幅度很小。有 R&D 活动的企业占全部企业的比重也很小，不超过 10%，2011—2014 年呈上升趋势，2015 年下降，之后又逐渐上升，说明青海省大多数规模以上工业企业逐渐有了技术创新意识，并开始重视技术创新对企业发展的重要意义。具体情况见表1-2-14。

表1-2-14　2011—2017年青海省工业企业有R&D活动情况

年份	有R&D活动的企业数（家）	有R&D活动的企业数占全部企业的比重（%）
2011	23	5.96
2012	26	6.15
2013	40	7.68
2014	45	7.92
2015	35	6.09
2016	57	9.61
2017	57	10.00

资料来源：《青海统计年鉴2018》。

2.4.1.2　技术创新投入

青海省工业企业技术创新投入主要包括人力的投入和资金的投入。人力的投入主要是R&D人员投入，资金的投入主要是R&D经费投入。

（1）R&D人员投入

从表1-2-15、图1-2-6中可以看出，青海省规模以上工业企业R&D人员数由2011年的2592人增长到2017年的3837人，总体呈缓慢上升趋势。具体来说，2011—2014年R&D人员数在逐年上升，到了2015年，降至2065人，随后又有所增加，增长速度明显快于2011—2014年。这主要是因为，2015年青海省基于供给侧结构性改革对规模以上工业企业进行了创新和改造，清除了落后产能，对停滞不前的企业也进行了处置和引导。

表1-2-15　2011—2017年青海省规模以上工业企业R&D人员情况

年份	R&D人员数（人）	同比增长率（%）
2011	2592	17.18
2012	2889	11.46
2013	2940	1.77
2014	3336	13.47
2015	2065	-38.10

续表

年份	R&D 人员数（人）	同比增长率（%）
2016	3147	52.40
2017	3837	21.93

资料来源：《青海统计年鉴 2018》。

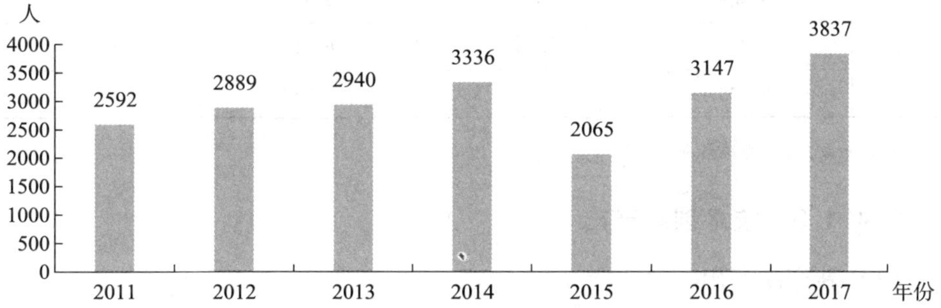

图 1-2-6　2011—2017 年青海省规模以上工业企业 R&D 人员投入情况

资料来源：《青海统计年鉴 2018》。

（2）R&D 经费支出

青海省规模以上工业企业技术创新的资本投入主要用 R&D 经费支出、新产品开发经费支出两个指标来衡量。2011—2014 年 R&D 经费支出处于上升趋势，从 2011 年的 8.197 亿元增长到 2014 年的 9.253 亿元，增长速度缓慢。2015 年有所下降，但通过创新转型，2016—2017 年增长速度明显加快，从 2016 年的 7.794 亿元增加至 2017 年的 8.328 亿元。R&D 经费支出占主营业务收入的比重很低，不足 0.5%，2015 年更是降到 0.32%。新产品开发经费支出占主营业务收入的比重可以反映新产品开发的经费投入强度。2011—2015 年新产品开发经费支出占主营业务收入的比重都在增长，但不足 0.50%，2017 年增至 0.51%。具体情况见表 1-2-16。

表 1-2-16　2011—2017 年青海省规模以上工业企业 R&D 经费投入情况

年份	R&D 经费支出（亿元）	R&D 经费支出占主营业务收入的比重（%）	新产品开发经费支出（亿元）	新产品开发经费支出占主营业务收入的比重（%）
2011	8.197	0.39	3.475	0.17
2012	8.420	0.38	7.437	0.33

续表

年份	R&D 经费支出（亿元）	R&D 经费支出占主营业务收入的比重（%）	新产品开发经费支出（亿元）	新产品开发经费支出占主营业务收入的比重（%）
2013	8.954	0.41	8.795	0.41
2014	9.253	0.41	9.977	0.44
2015	6.503	0.32	9.883	0.48
2016	7.794	0.41	6.215	0.33
2017	8.328	0.48	8.757	0.51

资料来源：《青海统计年鉴 2018》。

2.4.1.3 技术创新产出

（1）新产品产出

新产品是指运用新技术原理研制生产的，在结构、材质、工艺等方面比原有产品有明显改进的，能使产品的性能提升、使用功能改善的全新产品。2011—2017 年，青海省工业新产品开发项目数年均增长 21.57%，新产品开发经费年均增长 14.12%，新产品销售收入年均增长 4.76%。这表明青海省工业新产品的研发水平和产出水平都在不断提高。2017 年，青海省工业新产品开发项目共 369 项，占全国的比重为 0.077%；新产品开发经费支出 87570 万元，占全国的比重为 0.065%；新产品销售收入 1027045 万元，占全国的比重为 0.054%。从以上数据可以看出，青海省工业新产品研发利用水平较低，与全国平均水平有较大差距，技术创新效率需要大力提升。具体情况见表 1-2-17。

表 1-2-17　2011—2017 年青海省工业新产品开发情况

年份	新产品开发项目数（项）	新产品开发项目数占全国的比重（%）	新产品开发经费支出（万元）	新产品开发经费支出占全国的比重（%）	新产品销售收入（万元）	新产品销售收入占全国的比重（%）
2011	94	0.035	34745	0.051	85004	0.0085
2012	103	0.032	74374	0.093	103773	0.0094
2013	111	0.031	87949	0.095	125430	0.0097
2014	130	0.035	99766	0.099	85659	0.006

续表

年份	新产品开发项目数（项）	新产品开发项目数占全国的比重（%）	新产品开发经费支出（万元）	新产品开发经费支出占全国的比重（%）	新产品销售收入（万元）	新产品销售收入占全国的比重（%）
2015	121	0.037	98825	0.096	228191	0.015
2016	126	0.032	62146	0.053	379404	0.022
2017	369	0.077	87570	0.065	1027045	0.054

资料来源：《青海统计年鉴 2018》。

2011—2013 年新产品出口收入很不稳定。2013 年，新产品出口收入为 0，2014—2016 年一直呈增长趋势，但到 2017 年降至 0.33 亿元。从新产品销售收入占主营业务收入的比重来看，大部分年份不足 0.4%，2016 年该比重达到最高点，为 2.03%，2017 年又降至 0.32%。新产品出口收入低说明青海省工业企业对外开放程度较低，企业家思想较为保守。具体情况见表 1-2-18。

表 1-2-18　2011—2017 年青海省工业企业新产品产出情况

年份	新产品销售收入（亿元）	新产品出口收入（亿元）	新产品销售收入占主营业务收入的比重（%）
2011	8.651	0.030	0.35
2012	10.377	0.003	0.03
2013	12.543	0	0
2014	8.566	0.024	0.28
2015	22.819	0.090	0.39
2016	37.940	0.770	2.03
2017	102.705	0.330	0.32

资料来源：《青海统计年鉴 2018》。

（2）专利申请和授权

专利作为青海省工业企业自主创新产出的一方面，它的申请量和授权量在一定程度上能反映自主知识产权情况。从表 1-2-19 中可以看出，2011—2014 年，青海省工业企业专利申请数一直处于增长状态，到 2015 年降为 305 件，之后快速增长，2017 年增至 729 件。青海省工业企业发明专利数波动幅度较大，从 2011 年的 37 件增至 2013 年的 132 件，2014 年降至 111 件，之后又开始增长，2016 年快速增至 285 件，但 2017 年再次下降。发明专利数能在一定程度上反映专利的科技含量——青海省工业企业专利的科技含量较低。发明专利数占专利申请数的比重波动幅度也较大，2013 年达到 39.52%，2014 年降至 28.91%，2015 年达到最高，为 47.21%，随后两年又呈现下降态势。有效发明专利数一直处于增长状态，从 2011 年的 87 件增至 2017 年的 399 件，但增长幅度总体不大。以上数据表明，青海省工业企业技术创新及知识产权保护意识逐渐增强。

表 1-2-19　2011—2017 年青海省工业企业专利申请和授权情况

年份	专利申请数（件）	发明专利数（件）	发明专利数占专利申请数的比重（%）	有效发明专利数（件）
2011	168	37	22.02	87
2012	215	72	33.49	170
2013	334	132	39.52	205
2014	384	111	28.91	246
2015	305	144	47.21	271
2016	612	285	46.57	393
2017	729	271	37.17	399

资料来源：《青海统计年鉴 2018》。

2.4.2　工业园区技术创新能力发展概况

在青海省工业园区内，大量专业化企业集聚在一起，实现了规模化生产。2017 年，青海省工业园区有 R&D 活动的企业共 57 家，较上年增长了 61%。但是，从 2014—2017 年的数据中可以看出，青海省工业园区有 R&D 活动的企业变化幅度较大，在 2014—2015 年呈上升趋势，2016 年下降了，2017 年再次上升，见表 1-2-20。在 R&D 经费内部支出中，实验发展的占比最高，如 2017 年，实验发展的占比达到了 97%。2015 年，R&D 人员数最多，达到 3334 人，2016 年下降较快，只有 2065 人，2017 年虽又大幅上涨，但还是低于 2015 年的最高值。由此可见，青海省工业园区缺乏 R&D 人员投入。从全部项目经费内部支出来看，2017 年较 2016 年有所上升，达到了 61197 万元，但是 2016—2017 年全部项目经费内部支出低于 2014—2015 年的水平。2014—2017 年，企业办研发机构和研发机构人员变化不大。具体情况见表 1-2-20。

表 1-2-20　2014—2017 年青海省工业园区规模以上工业企业科技活动情况

年份	有 R&D 活动的企业数（家）	R&D 人员（人）	R&D 经费内部支出（万元）	基础研究（项）	应用研究（项）	试验发展（项）	全部 R&D 项目（项）	全部项目经费内部支出（万元）	企业办研发机构（家）	研发机构人员（人）
2014	40	2940	89540	344	7588	81607	145	73274	33	2204
2015	45	3334	92527	326	8669	83532	156	80251	47	2502
2016	35	2065	65029	263	1001	64028	150	58801	41	2132
2017	57	3147	77940	45	1686	76208	296	61197	36	2271

资料来源：《青海统计年鉴 2018》。

2.4.3　青海省工业技术创新能力 SWOT 分析

本节进行 SWOT 分析，以全面了解青海省工业技术创新能力的现状和影响因素，认清自身优劣势，尽快找到增强青海省工业企业技术创新能力的战略措施。

2.4.3.1　优势

第一，丰富的资源有利于工业企业的技术创新。青海省有色金属、盐湖、天然气等矿产资源和新能源（如风能、太阳能等）开采条件十分优越，储量也居全国前列。这些优势资源为青海省工业企业的自主创新提供了重要支撑。

第二，相关政策的支持。随着国家对西部地区支持力度的加大，青海省的工业企业得到了大力支持。青海省政府在增强自主创新方面也出台了相关政策，比如，《2018 年青海省企业技术创新资金项目计划》强调，通过自主创新取得自主知识产权项目。2019 年，两会提出了坚持创新发展的必要性。与此同时，青海省各地方政府也根据当地的实际情况，出台了若干政策意见来引导企业加强自主技术创新。政府政策的支持，在很大程度上为青海省增强自主创新能力提供了条件。

第三，工业企业自身发展壮大。对工业企业来说，创新可以增强其竞争力，帮助其实现可持续发展。2017 年，青海省规模以上工业企业规模和资产规模都有所提高，总资产达到 6466.92 亿元。青海省工业企业基本形成了具有活力的技术创新机制，为摆脱贫困做出了重大贡献。

2.4.3.2 劣势

第一，区位劣势。青海省深居内陆，位置偏远，与发达地区的空间距离较远，工业企业发展受到严重制约，很难吸引更多的资金和人才，特别是具有高度创新意识的企业家。另外，由于区位劣势，青海省工业企业和发达地区的合作也成为一个大问题，这在一定程度上制约着青海省工业企业技术创新能力的提升。

第二，科技资源缺乏。青海省高校及研究机构相对较少，限制了产学研的合作。产学研深入合作是提升工业企业技术创新能力的关键。虽然青海省已经有企业在产学研合作方面进行了探索，但还有一些中小型企业因人、财、物的限制，信息不通畅，创新意识缺乏而无力开展产学研合作，严重制约了青海省工业企业技术创新能力的提高。

第三，政府投资少。青海省发展资金有限，因此 R&D 投入也较少。到 2017 年，R&D 经费投入占主营业务收入的比重仍然很低，只有 0.48%。这个占比能反映 R&D 投入强度。R&D 投入强度不够会导致企业无法进行新产品开发，进而极大地影响工业企业技术创新的积极性。

第四，资源消耗严重、轻重工业比例失衡。由于青海省的生态很脆弱，在发展重化工工业时会面临比其他地区更严重的生态环境问题。技术落后工业企业在生产过程中耗费较大，导致能源供给不足。工业结构的不合理，也使能源消耗严重。2017 年，青海省轻重工业发展不协调，轻工业增加值比上年增加了 22.8%，重工业增加值比上年增长了 4.5%。在整个工业体系中，重工业占 85.4%，轻工业占 14.6%，轻工业发展滞后。

第五，企业竞争能力低、创新意识弱。2017 年，青海省规模以上工业企业共有 569 家，其中，大型工业企业只有 22 家，中型工业企业有 87 家，小型工业企业有 460 家。可见，青海省缺乏大型工业企业、有影响力的企业品牌和核心技术，中小企业由于创新条件高、技术创新能力严重不足，竞争力极弱。此外，青海省尚未形成完善的市场经济体制，企业家思想保守，竞争意识不强。

2.4.3.3 机遇

第一，工业企业迎来战略机遇期。国家制定的规划包括工业 4322 工程、《中国制造 2025》、2020 年全面建成小康社会等，这些都为青海省工业企业提升技术创新能力提供了支撑条件。青海省也在 2019 年的两会上强调，要加强项目的投资建设，推动产业转型升级，坚持创新。

第二，企业对技术创新的需求。青海省应通过创新深化供给侧结构性改革。《中国制造 2025》政策的实施，使工业企业更加重视创新——用原始创新、集成创新、引进消化吸收这三种模式取代传统的模仿创新模式并进行不同组合，找到了一条适合自身的发展道路，通过自主研发最终获得自主知识产权，提高了自主创新能力。

2.4.3.4　威胁

第一，工业企业整体实力不强，市场竞争激烈。近几年，青海省工业企业的发展空间有所上升，因此面临的市场竞争更为激烈。青海省的工业企业与国内其他地区相比，在核心技术和资金上都处于劣势，在技术创新上也没有形成完善的体系，存在 R&D 经费投入低、创新外部环境不佳、参与市场竞争能力弱、产品知名度不高等问题。青海省大部分工业企业整体实力弱，自主研发的核心技术少，不能在国内市场上占据有利地位。因此，青海省面临着激烈的市场竞争和巨大的挑战。

第二，人才流失严重，培养人才有限。青海省工业发展相对落后，而且省内普通高等学校只有十几所，毕业人数不到 2 万人，培养的人才有限。青海省发展较好的三大行业的专业技术人员和创新人才匮乏。有限的创新人才大多集中在大型企业，中小型企业 R&D 人才严重匮乏，以致很难开展自主创新。人才是工业企业进行技术创新的关键因素之一，在人才竞争日益激烈、人才流失日益严重的现实情况下，工业企业面临巨大挑战。

第三，融资困难。技术创新是一项长期性的战略任务，需要资金的不断投入。政府会投资一部分资金用于民生，但在技术创新方面投入的资金有限。2017 年，青海省财政支出为 1530.44 亿元，其中，教育支出 187.51 亿元，社会保障支出 209.57 亿元，用于科技的支出只有 11.94 亿元。如此规模的资金支持，很难开展科技创新活动，再加上筹资渠道较少，使得融资难成为青海省工业企业发展的瓶颈。

第四，创新风险高。由于对知识产权保护的重视不足，青海省自主创新成果很容易被仿冒，产品缺乏竞争优势。青海省工业企业技术创新面临较高的技术风险和不确定性风险。

第五，发展潜力下降。从前文对青海省工业贡献率、工业拉动率和工业增长率的分析中可以看出，青海省工业对其地区生产总值的贡献呈下降趋势。这说明工业作为拉动青海省经济增长的主导产业面临严峻挑战。

表 1-2-21 青海省工业企业技术创新能力 SWOT 分析

优势（Strengths）	劣势（Weaknesses）
1. 丰富的资源 2. 相关政策的支持 3. 工业企业自身发展壮大	1. 区位劣势 2. 科技资源缺乏 3. 政府投资少 4. 资源消耗严重、轻重工业比例失衡 5. 企业竞争能力低、创新意识弱
机遇（Opportunities）	**威胁（Threats）**
1. 工业企业迎来战略机遇期 2. 企业对技术创新的需求	1. 工业企业整体实力不强，市场竞争激烈 2. 人才流失严重，培养人才有限 3. 融资困难 4. 创新风险高 5. 发展潜力下降

技术创新是企业发展的灵魂。《国家中长期科学和技术发展规划纲要（2006—2020年）》和《中共中央、国务院关于深化科技体制改革加快国家创新体系建设的意见》（中发〔2012〕6号）都把全面提升企业创新能力摆在了重要位置。进一步发挥市场配置资源的决定性作用和政府的引导支持作用，促进创新要素向企业集聚，推进企业自主技术创新，形成一批创新型领军企业，对推动经济发展方式转变、优化产业结构具有重要意义。

2.4.4 青海省工业企业在技术创新方面存在的问题

（1）企业技术创新意识薄弱，科技研发能力落后

企业是技术创新的主体，企业的自主创新意识是技术创新的原动力。青海省工业企业对开展自主创新的紧迫性和重要性认识不足，积极性不高，技术创新意识薄弱。原因主要体现在以下几方面：一是技术创新投入大、风险高，短期内见效慢；二是部分企业抱有自主创新不如引进技术的观念；三是部分企业把技术创新看作集团或上级公司的事；四是部分企业感到技术创新会影响对现有指标的考核。此外，随着高校功能从人才培育、科学研究到社会服务的延伸，高等教育、科技、经济一体化的趋势越来越明显，尤其是在

知识经济社会，大学将被推向社会发展的中心，成为社会经济发展的重要动力。因此，加强产学研合作，即加强技术需求方企业与技术供给方科研院所或高等学校之间的合作，是促进技术创新能力提升的有效方式。但是，青海省工业企业既不注重科技研发，也不注重科研协作，科技研发能力相对落后。各类创新资源，在围绕产业发展、向企业进行倾斜方面做得还不够；企业在能够直接产业化的技术方面缺少创新资源的支持；高校、科研院所等以市场为导向，立足于企业，在解决科技成果二次转化问题方面较为滞后。产学研合作机制在人才培养、人员分配、利益分配等多个方面仍存在比较突出的矛盾。

（2）技术创新人才缺乏，人才激励机制尚不完善

技术创新人才是发展之本，而青海省的 R&D 人员情况并不乐观。青海省是全国 R&D 人员最少的省份，在分布上也极其不均衡。州县地区海拔高、气候恶劣、条件艰苦，大量 R&D 人员聚集在西宁市，导致周边州县人才紧缺。技术创新人才在学科分布、行业分布方面也不均衡，若干重点发展产业严重缺乏技术创新人才。技术创新一线应用型技术工人十分匮乏，技术发展缓慢。青海省的科技教育水平相对落后，科研单位和机构较少，科技研发能力不强。此外，青海省工业经济以污染性的重工业为主，生态环境容量和自然资源承载能力刚性约束不断增强，但在探索新的经济增长点、挖掘绿色增长潜力等方面创新能力明显不足。青海省工业企业和科研院校在优秀人才的引进、留住、培育、使用方面还有许多瓶颈与困难，缺乏人才储备和支撑体系。企业对适用人才的要求与高校培养目标存在很大差异。高校培养的人才往往不能满足企业对技术创新人才的需求。要想更快、更好地提升青海省工业企业的技术创新能力，政府应给予相应支持，出台相关政策，吸引优秀人才，支持青海省工业企业进行技术创新。

（3）技术创新的科研经费投入有限，研发资金支持较弱

创新型企业要形成良好的创新机制，需要强大的资金实力做后盾，但受制于企业规模和自身资金状况，规模较小的创新型企业的主要资金均用于满足自身生产经营需求，科研经费十分有限。一些规模较大的国有创新型企业如西宁特殊钢股份有限公司科研经费较充足，多数规模较小的民营创新型企业科研经费不足。企业进行技术创新具有投入大、风险高、回报周期较长的特点，一些风险承受力较低的企业根本不愿意也不会投入过多的资金进行创新项目研究。此外，政府在创新资金投入上对创新型企业扶持力度不大。目

前，国家对企业创新的扶持方式主要是科研项目，但这种方式较适用于科研机构或规模较大的国有企业，对于其他企业来说，在创新研究（如发表论文或申请专利）方面投入的精力和资金有限，而且政府对科研项目的支持一般要在项目完成验收之后才提供资金。因此，企业进行技术创新的多数科研经费是自筹的，这就使企业负担加大。

（4）企业技术创新投入资金不足，技术产出匮乏

企业的技术创新，特别是高新技术企业的技术创新，需要大量的资金投入，而企业往往缺少资金支持。与此同时，青海省工业企业在技术创新方面缺少规划，很多企业自身规模不大，在满足生产需要的前提下，研发投入严重不足，由此导致企业自主知识产权拥有率低，自主创新的总体能力不强。例如，电子信息产品、生物医药制造业的众多企业主要是生产代工产品，尽管规模越来越大，但科技力量薄弱，缺少创新，缺乏自主知识产权，技术产出匮乏，新产品效益低。青海省的高等院校在整体数量和质量上都与发达地区存在较大差距，从而使得本地院校每年培养出的企业所需专业型人才较少。另外，青海省地理位置偏远，诸多因素的影响导致很多毕业生特别是外省毕业生会倾向于在东、中部地区就业而不会留在青海，以致人才流失严重。西部大开发战略实施以来，青海省虽不断引进优秀科技人才，同时加大科技创新经费投入，但科技创新水平仍然较低。

第3章 青海省工业技术创新能力影响因素的实证分析

从青海省工业技术创新能力发展现状可以看出，制约青海省工业技术创新能力的因素有很多，主要包括创新人才、政府支持力度、资金、企业规模、创新意识、资源状况等。

3.1 青海省工业技术创新能力的影响因素

对于青海省工业技术创新能力的影响因素，本节主要从以下几个方面进行分析。

3.1.1 创新人才

青海省工业技术创新能力薄弱的重要原因之一是缺乏创新人员和完善的激励机制。2017 年，在青海省科技创新活动中，R&D 人员有 9675 人，其中，博士有 603 人，硕士有 1470 人。2017 年，青海省规模以上工业企业有 R&D 人员 3837 人，研发机构人员 2995 人，可见，创新人才数量较少。此外，创新人才素质普遍较低，政府和企业对培育创新人才重视不足，很难满足技术创新活动的需求。党的十九大报告中提出，要培养一大批战略研发人员和高水平的创新队伍。青海省结合省情，大力实施人才强省战略，培育人才开发环境，不断吸引创新人才，同时努力培养具有创新精神和创新能力的人才。

3.1.2 企业规模

规模大的企业在开展技术创新时更具优势，抗风险能力也更强。在大型企业中，创新人才聚集，他们思想先进、创新意识强，而且企业本身技术较为先进，具备自主创新的条件；规模小的企业则会受到各种限制，缺乏开展技术创新活动的条件。目前，衡量企业规模的指标主要是企业销售额和企业总资产。

3.1.3 企业知识产权保护

知识产权是指人类通过智力劳动获得成果，在一定时期内对它享有专有权利，并且该成果受到法律保护。企业拥有自主知识产权，可以将技术的投入转化为产品成果，有助于提高核心竞争力。知识产权保护是指通过法律手段保护创新者的成果免遭侵犯，大大提高创新者的积极性与主动性。知识产权保护起着激励自主创新、促进资源优化配置、促进技术转移、提高产品技术含量等作用，最终会给企业带来更多的无形价值，让企业在市场中具有竞争优势。

3.1.4 企业技术水平

青海省工业以劳动密集型产业为主，资金投入低，对技术和设备依赖程度低，一般通过降低成本来提高利润，这将导致其与发达地区的差距越来越大，在市场上的利润份额越来越小。此时，应采取一些措施提高企业的技术水平，如通过引进先进技术、提高产品技术含量等方式提高企业的总体利润。

3.1.5 企业固定资产投资水平

固定资产投资是指以货币形式表现的、企业在一定时间内制造和购买固定资产的量以及费用支出情况。企业进行固定资产投资大多是为了更新生产设备、扩大生产能力。

3.2 实证分析的理论基础

3.2.1 关于创新人才与技术创新能力关系的研究

有关学者针对人力资本对技术创新能力的影响做了研究。例如，任梦笛（2018）探讨了人力资本是中小企业技术创新的重要驱动因素，认为人力资本与创新能力密切相关。贾娜和吴丹丹（2013）对我国制造业企业技术创新成果的影响因素进行了实证分析，结果表明，在相同因素下，人力资本对自主创新绩效的促进作用是显著的、稳定的。付辉辉（2014）研究了企业人力资本对技术创新能力的影响，用实证分析方法得出企业人力资本对自主创新能力产生正向影响的结论。

3.2.2　关于企业规模与技术创新能力关系的研究

陈傲（2007）通过评价分行业的工业企业自主创新能力的差异，对创新能力差异影响因素进行了回归分析，结果表明，在1%的显著性水平下通过检验，企业规模可以促进创新能力的提高。周方召和符建华等（2014）通过构建企业规模与技术创新绩效的研究模型进行了实证分析，结果表明，企业规模与企业创新绩效之间存在明显的倒“U”形关系，并存在规模拐点。李大军等（2014）在控制其他变量的影响后，分析了企业规模对创新绩效的影响，结果表明，战略性产业的企业规模和创新绩效存在倒“U”形关系，而竞争性产业的企业规模与创新绩效存在“U”形关系。

3.2.3　关于企业知识产权保护与技术创新能力关系的研究

郝盼盼（2011）运用计量经济学的相关方法，分析了山西省知识产权保护水平与企业自主技术创新能力之间的关系，得出二者之间长期存在正相关关系的结论。李慧（2009）对技术创新与知识产权保护之间的关系进行了实证研究，结果表明，两者之间存在因果关系，即知识产权保护程度的提高能够增强企业自主创新产出收益。刘思明等（2015）研究了知识产权保护对我国工业创新能力的影响，结果表明，两者之间存在正相关关系。

3.2.4　关于企业技术水平与技术创新能力关系的研究

大部分学者基于企业技术水平与技术创新能力的关系进行研究，认为只要企业的技术水平提高了，企业的利润总额、人均利润率等均会提高。作为衡量创新产出的主要指标，产品销售额的提高就代表企业技术创新能力的提高。吴君艳（2015）以民用飞机制造商的企业绩效为研究对象，对技术水平与企业绩效的关系进行了实证分析，结果表明，技术水平与企业绩效存在显著的正相关关系。

3.2.5 关于企业固定资产投资与技术创新能力关系的研究

企业在对固定资产进行投资时，通过合理利用资源降低成本，从而提高企业的总利润。企业固定资产投资所占比重越大，意味着企业在固定资产更新、扩建等活动中越重视新设备、新技术的使用，这将间接提升企业的技术水平，最终增强企业的自主创新能力。

3.3 实证模型的构建与分析

3.3.1 变量选择

本节基于已有研究，以及《青海统计年鉴》《中国统计年鉴》的相关统计数据，以规模以上工业企业（主营业务收入超过2000万元的工业企业）为研究对象，选取了6个青海省工业技术创新能力的影响因素构建模型（见表1-3-1）。

表 1-3-1 变量解释及具体说明

变量选择		变量说明	变量计算公式
因变量	企业技术创新能力（Y）	专利申请数	—
自变量	创新人才（X_1）	R&D 人员	—
	企业规模（X_2）	企业总资产	—
	企业技术水平（X_3）	技术水平	固定资产/企业总资产×100%
	知识产权保护（X_4）	专利授权数	—
	固定资产投资水平（X_5）	固定资产投资	—

（1）因变量的选择

很多学者认为，企业的技术创新能力指标包括创新投入和创新产出。创新投入一般以研发投入来衡量，创新产出由专利数量和新产品的产值来衡量。由于缺乏2012—2017年青海省新产品的产值信息，本章以专利申请数代表企业自主创新能力。专利申请是指创造者向专利局提出的发明取得专利权的请求。专利申请数比较准确、直观，能有效反映企业的创新能力。专利反映的是一段时期内企业在创新方面的进展和突破。本章以规模以上工业企业专利申请数代表工业企业的技术创新能力，用字母 Y 表示。

（2）自变量的选择

创新人才：代表创新人才的变量主要有科技活动人员和 R&D 人员，本章采用 R&D 人员衡量创新人才，用 X_1 表示。

企业规模：衡量企业规模的指标有销售额、企业总资产、平均资产水平，本章采用企业总资产衡量企业规模，用 X_2 表示。

企业技术水平：本章采用固定资产与企业总资产的比值来反映企业技术水平，即企业技术水平=固定资产/企业总资产×100%，用 X_3 表示。

知识产权保护：本章采用工业企业专利授权数来反映知识产权保护情况，用 X_4 表示。

固定资产投资水平：本章采用固定资产投资衡量工业企业固定资产投资水平，用 X_5 表示。

3.3.2　构建模型

本章采用多元线性回归模型检验这 6 个影响因素对青海省工业技术创新能力的影响程度。多元线性回归模型是指一个变量往往受到多个变量的影响，最终形成具有线性关系的模型。本章采用最小二乘法（OLS）对这些因素进行回归分析。影响青海省工业技术创新能力的因素还有很多，如政府支持力度、外商直接投资、地理位置等，由于有些数据的缺乏，不便于计算，因此挑选了这 6 个主要的影响因素进行分析。

为了使数据稳定，同时消除异方差，使非线性回归化为线性的，将间距很大的数据转换为间距较小的数据。在不改变时间序列的情况下，本章取每个变量的对数，分别用 $\ln Y$、$\ln X_1$、$\ln X_2$、$\ln X_3$、$\ln X_4$、$\ln X_5$ 表示，构建多元线性回归模型如下：

$$\ln Y=\beta_0+\beta_1\ln X_1+\beta_2\ln X_2+\beta_3\ln X_3+\beta_4\ln X_4+\beta_5\ln X_5+\mu$$

上式中，β 为回归参数，μ 为随机扰动项。

3.3.3　模型的估计与计算

第一步：模型采用最小二乘法进行估计。回归结果见表 1-3-2。

表 1-3-2 多元线性回归结果

变量	系数	标准差	t 值	概率
C（常数项）	-16.69411	1.551447	-10.76035	0.0017
$\ln X_1$	0.008692	0.117487	0.073980	0.9457
$\ln X_2$	2.652023	0.191978	13.81420	0.0008
$\ln X_3$	0.396417	0.036727	10.79348	0.0017
$\ln X_4$	-0.854269	0.102686	-8.319208	0.0036
$\ln X_5$	1.185714	0.261236	4.538858	0.0200

按照表 1-3-2 的回归结果，回归系数保留小数点后 3 位，t 值保留小数点后 2 位，则回归方程如下：

$$\ln Y=-16.694+0.009\ln X_1+2.652\ln X_2+0.396\ln X_3-0.854\ln X_4+1.186\ln X_5$$

$$(-10.76)\quad(0.07)\quad(13.81)\quad(10.79)\quad(-8.32)\quad(4.54)$$

$$R^2=0.999 \qquad \overline{R}^2=0.998 \qquad F=1072.625$$

由 R^2 较大且接近于 1，且 $F=1072.625>F0.05\ (5,\ 3)=9.01$，可以推知，专利申请数与上述变量间存在显著的线性关系。但由于 X_1 没有通过 t 检验，并且 X_4 的参数符号的经济意义不合理，解释变量之间存在多重共线性。

第二步：检验简单相关系数。$\ln X_1$、$\ln X_2$、$\ln X_3$、$\ln X_4$、$\ln X_5$ 的相关系数见表 1-3-3。表 1-3-3 中的数据显示，$\ln X_1$、$\ln X_2$、$\ln X_4$、$\ln X_5$ 的相关性较高，同时，$\ln X_2$ 与 $\ln X_4$、$\ln X_2$ 与 $\ln X_3$ 高度相关。

表 1-3-3 相关系数

变量	$\ln X_1$	$\ln X_2$	$\ln X_3$	$\ln X_4$	$\ln X_5$
$\ln X_1$	1.000000	0.632743	0.497684	0.587071	-0.748864
$\ln X_2$	0.632743	1.000000	0.873538	0.970697	-0.190577
$\ln X_3$	0.497684	0.873538	1.000000	0.803797	-0.066140
$\ln X_4$	0.587071	0.970697	0.803797	1.000000	-0.207124
$\ln X_5$	-0.748864	-0.190577	-0.066140	-0.207124	1.000000

第三步：找出最简单的回归形式。分别做 $\ln Y$ 关于 $\ln X_1$、$\ln X_2$、$\ln X_3$、$\ln X_4$、$\ln X_5$ 的回归，最终发现 $\ln Y$ 关于 $\ln X_2$ 的回归有最大的可决系数，即

$$\ln Y = -10.18 + 2.065 \ln X_2$$
$$(-5.04)\quad(8.58)$$
$$R^2 = 0.913 \quad \overline{R}^2 = 0.901$$

可见，青海省工业企业技术创新能力受企业规模的影响最大，这与实际情况相符，因此选该一元回归模型为初始回归模型。

第四步：逐步回归（见表 1-3-4）。在上述初始回归模型中引入其他解释变量，寻找最佳回归方程。

表 1-3-4　逐步回归

变量	C	$\ln X_1$	$\ln X_2$	$\ln X_3$	$\ln X_4$	$\ln X_5$	R^2
$Y=f(X_2)$	-10.18		2.065				0.901
t 值	-5.04		8.58				
$Y=f(X_1, X_2)$	-8.149	-0.445	2.243				0.898
t 值	-2.66	-0.89	7.11				
$Y=f(X_2, X_3)$	-6.179		1.139	0.579			0.960
t 值	-3.55		3.64	3.38			
$Y=f(X_2, X_3, X_4)$	-11.21		2.535	0.454	-0.87		0.978
t 值	-4.57		-4.07	3.29	-2.42		
$Y=f(X_2, X_3, X_5)$	-16.06		2.659	0.396		1.169	0.998
t 值	-21.19		18.86	12.52		9.71	

首先，在初始模型中引入 X_1，模型的 R^2 下降，且参数符号不合理，变量没有通过 t 检验。

其次，去除 X_1，引入 X_3，模型的 R^2 提高，且参数符号合理，变量通过显著性水平为 5%的 t 检验。

再次，引入 X_4，模型的 R^2 提高，变量通过显著性水平为 10%的 t 检验，但参数符号不合理。

最后，去除 X_4，引入 X_5，模型的 R^2 提高，且参数符号合理，变量通过显著性水平为 10%的 t 检验。

最终的青海省工业企业技术创新能力函数应为 $Y=f(X_2, X_3, X_5)$ 为最优，拟合结果如下：

$$\ln Y=-16.06+2.659\ln X_2+0.396\ln X_3+1.169\ln X_5$$
$$(-21.19)\ (18.86)\quad(12.52)\quad(9.71)$$
$$R^2=0.999\quad \overline{R}^2=0.998$$

3.4 模型检验

3.4.1 单位根检验

单位根检验用于检验时间序列的平稳性，以避免出现伪回归现象。本节采用单位根检验方法对变量进行研究，以确定是否存在长期均衡关系。当ADF 统计量的值小于临界值的值时，说明序列为平稳序列。利用 Eviews 9.0 对变量进行 ADF 检验，结果见表 1-3-5。

表 1-3-5 ADF 检验结果

变量	ADF 值	1%水平值	5%水平值	10%水平值	概率	平稳性
$\ln Y$	2.002732	−2.886101	−1995865	−1.599088	0.9779	不平稳
$\text{dln}Y$	−1.590844	−3.007406	−2.021193	−1.597291	0.1011	不平稳
ddlny	−1.749021	−3.109582	−2.43968	−1.597318	0.0783	平稳
$\ln X_2$	0.295058	−2.937216	−2.006292	−1.598068	0.7420	不平稳
$\text{dln}X_2$	−0.758856	−2.937216	−2.006292	−1.598068	0.3519	不平稳
$\text{ddln}X_2$	−2.474874	−3.109582	−2.043968	−1.597318	0.0253	平稳
$\ln X_3$	1.886575	−2.886101	−1.995865	−1.599088	0.9734	不平稳
$\text{dln}X_3$	−1.691675	−2.937216	−2.006292	−1.598068	0.0852	不平稳
$\text{ddln}X_3$	−4.079398	−3.007406	−2.02193	−1.597291	0.0022	平稳
$\ln X_5$	−0.796822	−2.886101	−1.995865	−1.599088	0.3398	不平稳
$\text{dln}X_5$	−2.608440	−3.007406	−2.021193	−1.597291	0.0188	平稳

结合表 1-3-5 可知，变量 $\ln X_5$ 经过一阶差分后 ADF 统计量小于 5% 水平的值，是平稳的；而变量 $\ln X_2$、$\ln X_3$ 经过二阶差分后 ADF 统计量小于 5%水平的值，也是平稳的。

3.4.2 协整检验

本节以 E-G 两步检验法作为协整检验的方法，该方法通过对残差序列检验平稳性来判断变量之间是否存在协整关系。

第一步，$\ln Y$ 与各解释变量利用最小二乘法进行回归。

第二步，残差序列的平稳性检验。根据协整理论，检验一组变量之间是否存在协整关系，等同于检验回归方程的残差序列是不是一个平稳序列。采用 ADF 检验判断残差序列的平稳性（结果见表 1-3-6），进而判断是否存在协整关系。

表 1-3-6　残差序列 ADF 检验

项目		t 统计值	p 值
ADF 检验		-5.237	0.0003
置信水平	1%	-2.937	
	5%	-2.006	
	10%	-1.598	

表 1-3-6 中残差序列的 ADF 检验统计量小于各临界值，则残差序列为平稳序列，表明 $\ln Y$ 和 $\ln X_1$、$\ln X_2$、$\ln X_3$、$\ln X_4$、$\ln X_5$ 存在协整关系，即青海省工业企业技术创新能力与创新人才、企业规模、企业技术水平、知识产权保护、固定资产投资水平存在稳定的均衡关系。

3.5 模型结论分析

本节将 2009—2017 年的时间序列构成样本，用 Eviews 软件进行多元线性回归分析。在实际中，很难应用普通最小二乘法得到无偏、有效且一致的参数估计量，因此本节对其进行了克服多重共线性等分析，并进一步进行单位根平稳检验和协整检验，最终确定了模型回归结果：

$$\ln Y = -16.06 + 2.659\ln X_2 + 0.396\ln X_3 + 1.169\ln X_5$$
$$(-21.19)\quad(18.86)\quad(12.52)\quad(9.71)$$
$$R^2 = 0.999 \qquad \overline{R}^2 = 0.998$$

从最终的公式可以看出，青海省工业企业技术创新能力与企业规模、企业技术水平、固定资产投资水平存在正相关关系。其中，企业规模对青海省工业企业技术创新能力的影响最大。企业规模每扩大 1%，青海省工业企业技术创新能力平均增加 2.659%；企业技术水平每提高 1%，青海省工业企业技术创新能力平均增加 0.396%；固定资产投资水平每提高 1%，青海省工业企业技术创新能力平均提升 1.169%。

具体分析如下：

第一，企业规模与青海省工业企业技术创新能力存在正相关关系，即随着企业规模的逐渐扩大，企业的自主创新能力会越来越强。本章选取的是规模以上工业企业的样本，因为规模以下工业企业规模小，抗风险能力和创新能力均较弱。本章的研究结果与许多国内外学者的研究结果一致。

第二，企业技术水平与青海省工业企业技术创新能力存在正相关关系。企业技术水平通过固定资产总额占企业总资产的比重来体现。威廉姆森在研究资产专用性相关问题时指出，固定资产总额占企业总资产的比重越大，企业资产的专用程度越大，技术水平越低。通过查找数据可知，这个比重从总体来看处于下降趋势，因而技术水平在不断提高。从资金的流动性来说，固定资产占比越大，流动资产占比就会越小，企业进行创新的投入少，技术创新能力自然会降低。有关数据显示，2017 年，青海省工业企业固定资产占比下降了，企业进行创新的投入力度加大了。

第三，固定资产投资水平与青海省工业企业技术创新能力存在正相关关系。青海省工业企业固定资产投资水平提高，即技术研发试验和仪器设备等方面投入的增加，有助于促进其技术创新能力提升。

第4章 青海省工业技术创新能力评价

4.1 评价指标体系构建

通过对相关文献的梳理，本章选取创新投入、创新产出、创新研发、创新环境 4 个方面来测量青海省工业企业的技术创新能力，构建了由这 4 个一级指标和 19 个二级指标构成的青海省工业企业技术创新能力评价指标体系，见表 1-4-1。

表 1-4-1 青海省工业企业技术创新能力评价指标体系

一级指标	二级指标	
创新投入	X_1	R&D 人员全时当量（人年）
	X_2	R&D 人员全时当量占全国 R&D 人员全时当量的比重（%）
	X_3	R&D 经费（亿元）
	X_4	R&D 经费占主营业务收入的比重（%）
创新产出	X_5	新产品开发经费（亿元）
	X_6	新产品开发经费占主营业务收入的比重（%）
	X_7	新产品销售收入（亿元）
	X_8	新产品销售收入占主营业务收入的比重（%）
创新研发	X_9	专利申请数占全国专利申请数的比重（%）
	X_{10}	有效发明专利数占全国有效发明专利数的比重（%）
	X_{11}	技术市场成交额（亿元）
	X_{12}	新产品出口收入（亿元）
创新环境	X_{13}	教育经费占地区生产总值的比重（%）
	X_{14}	R&D 经费占地区生产总值的比重（%）
	X_{15}	科学技术支出占地方一般公共预算支出的比重（%）
	X_{16}	R&D 项目数（项）

续表

一级指标	二级指标	
创新环境	X_{17}	R&D 项目数占全国 R&D 项目数的比重（%）
	X_{18}	新产品开发项目数（项）
	X_{19}	新产品开发项目数占全国新产品开发项目数的比重（%）

4.2 统计分析

4.2.1 数据来源与评价方法

本章选取中西部 20 个省份作为样本，研究数据主要来源于《中国统计年鉴 2018》。本章选取的指标较多，旨在反映全部信息，并通过中西部省份技术创新能力排名准确了解青海省工业企业技术创新能力。此外，本章采用因子分析法，将联系比较密切的几个变量归为一类，以便找出工业企业技术创新能力的主要影响因素，并获知各变量间的相关性。

4.2.2 数据分析

（1）指标数据标准化处理

要先对原始数据进行标准化处理，因为原始数据在计量单位等方面存在差异，标准化处理可使数据间具有可比性。一般采用 Z 标准化方法，即均值为 0，方差为 1。最后得到 20 个省份 19 个指标的标准化数据。

（2）因子分析适用性检验

KMO 检验和 Bartlett 球形检验主要用于判断因子分析模型是否有效。一般 KMO 值为 0.6~0.7，意味着适合进行因子分析；Bartlett 球形检验的显著性水平小于 0.01，说明变量间存在相关性。本章首先进行这两个检验，在 SPSS 22.0 中得到的结果显示，KMO 值为 0.633（>0.5），Bartlett 球形检验的卡方为 1067.813，显著性水平为 0.000，符合因子分析的条件，可以进行因子分析。

（3）提取公因子

运用 SPSS 22.0 对原始数据进行标准化处理后计算因子初始解。一般认为，旋转后特征值大于 1 且累计贡献率大于 80%的因子为公因子。通过旋转计算出的前 3 个因子的特征值分别为 9.890、5.140 和 1.758，对应的方差贡献率分别为 52.052%、27.052%和 9.253%，累计方差贡献率为 88.356%（>80%），说明这 3 个因子保留的信息量已占全部信息量的 88.356%，能概括大部分信息，在一定程度上解释了原始指标的方差信息，并且减少了原始数据的复杂性，因此选取前 3 个因子作为公因子。

由图 1-4-1 可知，前 3 个公因子的趋势是陡峭的，之后的连线相对平缓，因此提取前 3 个公因子是合理的。

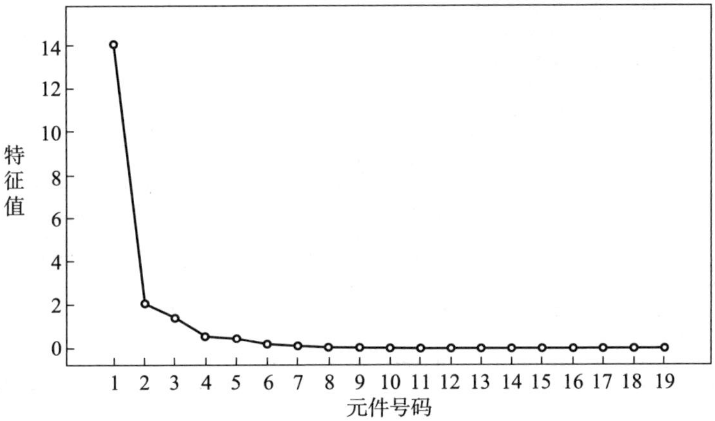

图 1-4-1 碎石图

（4）公因子命名与解释

采用最大方差法进行因子旋转，得到成分矩阵，见表 1-4-2。从表 1-4-2 中可以看出，公共因子 F_1 在 X_1（R&D 人员全时当量）、X_2（R&D 人员全时当量占全国 R&D 人员全时当量的比重）、X_3（R&D 经费）、X_5（新产品开发经费）、X_7（新产品销售收入）、X_9（专利申请数占全国专利申请数的比重）、X_{10}（有效发明专利数占全国有效发明专利数的比重）、X_{12}（新产品出口收入）、X_{15}（科学技术支出占地方一般公共预算支出的比重）、X_{16}（R&D 项目数）、X_{17}（R&D 项目数占全国 R&D 项目数的比重）、X_{18}（新产品开发项目数）、X_{19}（新产品开发项目数占全国新产品开发项目数的比重）上的载荷值很大，因此将 F_1 定义为创新综合因子。F_2 在 X_4（R&D 经费占主营业务收入的比重）、X_6（新产品开发经费占主营业务收入的比重）、X_8（新产品销售收入占主营业务收入的比重）、X_{14}（R&D 经费占地区生产总值的比重）上的载荷值很大，因此将 F_2 定义为创新投入产出因子。F_3 在 X_{11}（技术市场成交额）、X_{13}（教育经费占地区生产总值的比重）上的载荷值很大，因此将 F_3 定义为创新产出、研发能力因子。

表 1-4-2 旋转成分矩阵

二级指标	成分			二级指标	成分		
	F_1	F_2	F_3		F_1	F_2	F_3
X_1	0. 888	0. 380	0. 099	X_{11}	0. 187	0. 210	0. 798
X_2	0. 888	0. 379	0. 099	X_{12}	0. 760	0. 109	-0. 498
X_3	0. 835	0. 462	0. 153	X_{13}	0. 906	0. 376	0. 149
X_4	0. 242	0. 899	0. 161	X_{14}	0. 906	0. 376	0. 149
X_5	0. 808	0. 512	0. 212	X_{15}	0. 862	0. 400	0. 213
X_6	0. 320	0. 879	0. 187	X_{16}	0. 861	0. 400	0. 213
X_7	0. 812	0. 502	0. 107	X_{17}	-0. 321	-0. 666	-0. 140
X_8	0. 414	0. 818	0. 038	X_{18}	0. 618	0. 713	0. 171
X_9	0. 854	0. 315	0. 280	X_{19}	0. 613	0. 257	0. 538
X_{10}	0. 803	0. 316	0. 399				

（5）公共因子得分

根据成分得分系数矩阵（见表 1-4-3）以及原变量的标准化值，可计算出各省份每个公共因子的得分。

表 1-4-3 成分得分系数矩阵

二级指标	成分			二级指标	成分		
	F_1	F_2	F_3		F_1	F_2	F_3
X_1	0. 128	-0. 047	-0. 055	X_{11}	-0. 070	-0. 074	0. 606
X_2	0. 128	-0. 047	-0. 056	X_{12}	0. 213	-0. 054	-0. 490
X_3	0. 088	0. 001	-0. 021	X_{13}	0. 129	-0. 062	-0. 015
X_4	-0. 182	0. 384	-0. 040	X_{14}	0. 129	-0. 062	-0. 015
X_5	0. 063	0. 025	0. 021	X_{15}	0. 106	-0. 049	0. 037
X_6	-0. 159	0. 349	-0. 021	X_{16}	0. 106	-0. 048	0. 037
X_7	0. 075	0. 036	-0. 063	X_{17}	0. 099	-0. 244	0. 025

续表

二级指标	成分			二级指标	成分		
	F_1	F_2	F_3		F_1	F_2	F_3
X_8	-0.106	0.318	-0.141	X_{18}	-0.035	0.187	-0.031
X_9	0.121	-0.103	0.108	X_{19}	0.051	-0.115	0.349
X_{10}	0.098	-0.110	0.209				

各公共因子得分表达式如下：

$$F_1=0.128X_1+0.128X_2+0.088X_3-0.182X_4+0.063X_5-0.159X_6+0.075X_7-0.106X_8+0.121X_9+0.098X_{10}-0.070X_{11}+0.213X_{12}+0.129X_{13}+0.129X_{14}+0.106X_{15}+0.106X_{16}+0.099X_{17}-0.035X_{18}+0.051X_{19} \quad (4-1)$$

$$F_2=-0.047X_1-0.047X_2+0.001X_3+0.384X_4+0.025X_5+0.349X_6+0.036X_7+0.318X_8-0.103X_9-0.110X_{10}-0.074X_{11}-0.054X_{12}-0.062X_{13}-0.062X_{14}-0.049X_{15}-0.048X_{16}-0.244X_{17}+0.187X_{18}-0.115X_{19} \quad (4-2)$$

$$F_3=-0.055X_1-0.056X_2-0.021X_3-0.040X_4+0.021X_5-0.021X_6-0.063X_7-0.141X_8+0.108X_9+0.209X_{10}+0.606X_{11}-0.490X_{12}-0.015X_{13}-0.015X_{14}+0.037X_{15}+0.037X_{16}+0.025X_{17}-0.031X_{18}+0.349X_{19} \quad (4-3)$$

对各公共因子对方差的贡献程度进行加权求和，即可得出综合得分，公式如下：

$$F_{综}=(52.052F_1+27.052F_2+9.253F_3)/88.357 \quad (4-4)$$

将 F_1、F_2、F_3 的数据代入 $F_{综}$，可得到各省份的因子得分，见表 1-4-4。

表 1-4-4　各省份的因子得分

省份	F_1		F_2		F_3		$F_{综}$	
	得分	排名	得分	排名	得分	排名	得分	排名
云南	-0.59201	16	0.12571	9	-0.20626	11	-0.33187	10
陕西	-0.51006	12	0.22910	7	1.83921	2	-0.03773	8
甘肃	-0.58057	14	-0.69071	16	-0.04999	8	-0.55873	17
新疆	-0.57161	13	-0.75382	17	-0.27549	15	-0.59639	18
青海	-0.71566	17	-0.79899	18	-0.22737	12	-0.69005	19
宁夏	-0.87499	20	0.07714	10	-0.13920	9	-0.50643	16
四川	0.94457	3	-0.46271	14	0.85636	4	0.50447	6

续表

省份	F_1		F_2		F_3		$F_综$	
	得分	排名	得分	排名	得分	排名	得分	排名
贵州	−0.42424	11	−0.59173	15	0.22799	5	−0.40722	14
广西	−0.32209	9	−0.45240	13	−0.25068	14	−0.35451	13
西藏	−0.22229	8	−2.06424	20	−0.34029	16	−0.79860	20
内蒙古	−0.73478	18	0.26127	5	−0.55858	18	−0.41137	15
重庆	−0.13266	7	2.64673	1	−1.54029	19	0.57089	5
吉林	−0.58386	15	−0.00816	11	−0.02786	7	−0.34938	12
黑龙江	−0.84722	19	0.56215	4	−0.18581	10	−0.34646	11
山西	−0.38825	10	−0.07773	12	−0.24168	13	−0.27783	9
河南	2.70152	1	−0.93343	19	−2.14592	20	1.08099	2
安徽	2.29904	2	0.23974	6	1.24059	3	1.55773	1
江西	0.38606	6	0.13885	8	0.14151	6	0.28477	7
湖南	0.44442	5	1.82841	2	−0.42648	17	0.77696	4
湖北	0.72467	4	0.72482	3	2.31023	1	0.89077	3

根据表1-4-4，可以将中西部地区的20个省份划分为3个梯队：

第一梯队：规模以上工业企业技术创新能力较强的地区，包括安徽、河南、湖北、湖南。

第二梯队：规模以上工业企业技术创新能力中等的地区，包括江西、山西、黑龙江、吉林、重庆、四川、陕西、云南。

第三梯队：规模以上工业企业技术创新能力薄弱的地区，包括广西、贵州、内蒙古、甘肃、新疆、青海、宁夏、西藏。

4.3 结论

通过对中西部地区20个省份工业企业技术创新能力的指标体系进行因子分析可知，安徽、河南、湖北的综合得分位列前3。青海综合得分为−0.69005，排在第19位。

第一，F_1 反映地区创新综合能力。青海省的 F_1 排在第17位。在创新资源方面，2017年，青海省工业企业主营业务收入2080.59亿元，在中西部地区排在第 19 位，说明青海省潜在创新资源后劲不足，处于劣势。在创新投入方面，2017 年，青海省 R&D 人员全时当量、R&D 经费、新产品开发经费分别为 1799 人年、8. 33 亿元和 8. 76 亿元，在中西部地区排在第 19 位。在创新产出方面，专利申请数和新产品销售收入是重要的衡量指标。2017 年，青海省这两项指标分别为 1978 件和 102. 7 亿元，分别位列全国第 18 位和第 19 位。

第二，F_2 主要反映企业技术创新投入产出强度。青海省的 F_2 排在第 18 位，说明青海省在创新投入强度和产出效率方面未取得显著成效。2017 年，青海省 R&D 经费占主营业务收入的比重、新产品销售收入占主营业务收入的比重、新产品开发经费占主营业务收入的比重、R&D 经费占地区生产总值的比重分别为 0. 40%、4. 94%、0. 42%、0. 32%，在中西部地区排名分别为第 17 位、第 17 位、第 19 位、第 19 位。

第三，F_3 主要反映创新环境及研发能力。青海省的 F_3 排名较靠前，为第 12 位。青海省的技术市场成交额排在第 14 位，教育经费占地区生产总值的比重排在第 3 位，说明青海省比较重视创新环境投资，在人才培养方面投入较大。

第5章 青海省工业企业增强技术创新能力的模式选择

本章对技术创新的实现过程进行分析。很多学者将技术创新分为合作创新、模仿创新和自主创新，本章重点探讨自主创新。根据不同的标准，自主创新有多种划分方法。从广义上来讲，自主创新包括技术的自主创新、组织和体制模式创新、管理模式创新。青海省亟须通过技术的自主创新来摆脱工业企业得不到长期有效发展的困境，因此增强企业自主创新能力以技术的自主创新为主。本章将自主创新模式分为原始性创新、集成性创新和引进消化吸收再创新三种。

5.1 自主创新模式的类型

5.1.1 原始性创新

原始性创新是指企业完全依靠自身的资源与力量来获取新产品，经过一系列研究活动，取得前所未有的技术发明等原始性成果，同时，依靠自身能力进行创新的后续发展，加快自主创新产出成果商品化的创新活动。原始性创新具有风险高、难度大等特点，但如果能在该模式上取得成功，企业在市场上就会占据很大的优势，获得自主知识产权，企业的核心竞争力也将得到提高。原始性创新能力是衡量一家企业创新能力的主要标准，也因此成为企业重点关注的课题。

5.1.2 集成性创新

集成性创新是指企业对创新要素进行优化，利用各种技术与工具，将多种创新要素有机融合，通过要素之间的优势互补获得竞争优势。集成性创新要求创新主体积极思考、沟通和协作。在经济全球化背景下，市场需求的不确定性及研发技术难度增加使单个创新主体很难独立去完成具有较大技术难度的研发，这就需要企业之间通过合作实现优势互补，提高产业关联度，最终实现降低风险的目标。集成性创新属于自主创新的中级阶段。

5.1.3 引进消化吸收再创新

引进消化吸收再创新是指在引进他人研究成果的基础上，对引进技术的原理、数据等进行分析，在消化吸收后，投入足够的研发力量，在生产过程中对产品结构、工艺方法等进行改良和创新，形成新产品，最终获得自主知识产权。这些新产品在技术水平和质量等方面有新的突破，即超越引进技术。引进消化吸收再创新是一种渐进性创新，相比其他两种创新模式，能大大缩短研究时间，降低创新的成本和风险。有效的引进消化吸收再创新可以使企业获得后发的竞争优势。引进消化吸收再创新是自主创新的初级阶段，具有风险小、见效快等特点，因此适用于落后的企业和后发国家。该模式对青海省总体发展水平和技术水平的提高具有重要意义。青海省工业企业可以采用这一模式实现创新突破，使稀缺的创新资源得到有效配置，增强企业的综合竞争力。

5.2 处于不同生命周期企业的技术创新模式选择

5.2.1 初创期企业的技术创新模式选择

初创期企业规模小，抵御风险能力和创新能力都较弱，生产成本较高，生产规模不大，R&D投入低，人员少，专利申请数少，尚未获得自主知识产权，没有形成核心竞争力。初创期企业很难在市场上得到认可，而且自主技术创新具有很大的风险，企业、学校和研究机构大多没有合作的意愿，找到创新合作者通过集成性创新对各种创新资源进行融合比较困难。另外，初创期企业缺乏创新要素（包括资金、创新人才、技术等），想完全依靠自身的资源与力量进行原始创新难上加难。在分析了内外部环境之后可知，初创期企业最适合也最容易选择的模式是引进消化吸收再创新，即在对引进技术进行消化吸收的基础上，在产品结构等方面加入自己的技术，最终在性能、技术水平等方面超越引进的技术，也就是进行二次创新。通过引进消化吸收再创新提高企业的形象和品牌知名度，可以吸引更多的投资者，进一步扩大企业规模，同时进行产学研合作，推动企业进入成长期。

5.2.2 成长期企业的创新模式选择

成长期企业在经历初创期之后积累了一定的创新能力，企业总产值不断上升并且规模不断扩大，同时加大了研发投入。企业应努力提高消化吸收再创新能力，不断积累经验，扩大市场份额。初创期企业的引进消化吸收再创新有很多缺点，如灵活性和主动性差、效率低、创新能力差、无法掌握核心技术等，成长期企业则能解决一些初创期的问题，但面临的压力也很大，因此会选择集成性创新来进一步强化创新能力、增强自身实力。集成性创新是将企业现有的创新要素组合起来，创造出新的产品。成长期企业可通过集成性创新提升创新能力，但还不能完全承担原始性创新所带来的巨大风险，因而要结合市场情况，快速增强核心竞争力，进入成熟期。

5.2.3 成熟期企业的创新模式选择

工业企业进入成熟期后，发展速度会放慢，但这一时期企业市场份额大，资金雄厚，研发投入大，经过初创期和成长期的积累，创新资源较丰富，创新人才聚集，容易吸引合作伙伴，有助于塑造良好的企业形象。此外，成熟期企业抗风险能力较强，已经形成具有一定竞争优势的核心竞争力。这些推动成熟期企业采用原始性创新模式——企业可以完全依靠自身资源和力量，经过一系列研发活动，取得前所未有的突破，获得自主知识产权，形成品牌效应。另外，在这一时期，并不是所有企业都会选择原始性创新模式。为了充分利用资源，企业可以对多种模式进行组合应用。

5.2.4 衰退期企业的创新模式选择

当企业进入衰退期时，进行技术研发的积极性会减弱，市场占有率会明显下降，R&D 投入及申请专利数也会下降。企业会进入衰退期是因为企业的产品已经不能满足消费者的需求，同时竞争者研发的新产品抢占了市场。这时企业更需要通过已经具备的创新能力进行技术升级或研发新的工艺。企业可以根据自身情况选择适合自己的自主创新模式。例如，在创新能力允许的情况下，可以采取引进消化吸收再创新模式，可以对市场广泛采用的技术进行二次创新，还可以寻找合作者，采用集成性创新模式，通过对不同要素的组合实现优势互补，研发出新的产品，实现企业的再生，延长企业的生命周期。

处于不同生命周期企业的技术创新模式选择如图 1-5-1 所示。

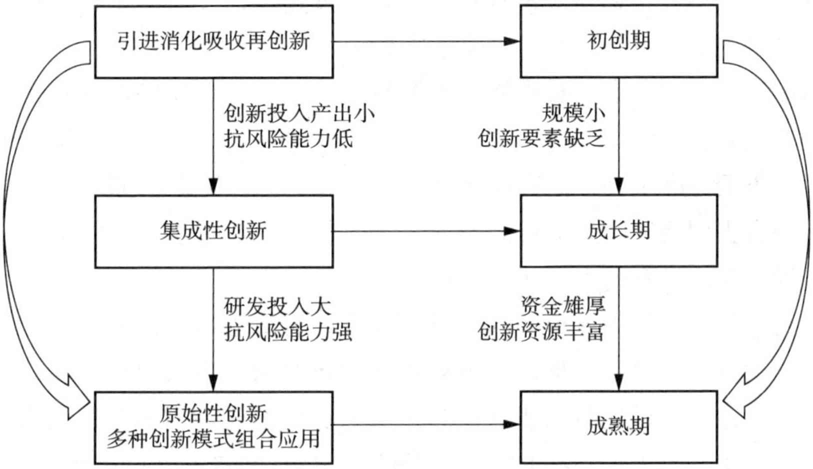

图 1-5-1　处于不同生命周期企业的技术创新模式选择

5.3　结论

基于前文对青海省工业企业技术创新能力现状、制约因素的分析，以及对创新能力的评价，得出以下结论。

首先，从青海省工业发展现状来看，工业对经济增长的贡献处于下降趋势，规模以上工业企业数到 2017 年比上一年减少 24 家，而且依旧以大型企业为主导，中小型企业较多，但缺乏竞争力，工业结构严重失衡，轻工业增长速度是重工业增长速度的 5 倍；占据主导地位的行业很少，占总量比重超过 10%的行业只有 3 家。

其次，从青海省工业企业技术创新发展现状来看，有 R&D 活动的企业在全部企业中的比重逐年上升，这说明青海省工业企业重视创新对企业发展的带动作用，也可从侧面反映出 R&D 人员投入、R&D 经费支出占主营业务的比重逐年上升；在创新产出中，新产品销售收入快速增加，但是新产品出口收入的波动幅度较大、占比较低，说明青海省工业企业对外开放的水平低。青海省专利申请数与有效发明专利数每年都在增加。从前文的 SWOT 分析中可以看出，青海省资源丰富，加上政策的扶持，工业企业技术创新发展势头良好，企业对自主创新的需求不断增加。但是，青海省在区位上处于劣势，深居内陆；缺乏产学研合作，且政府投入少；企业竞争力较差，创新意识薄弱；创新经费投入不够，创新外部环境不佳，人才流失严重，与中西部地区差距较大，融资困难，对知识产权保护重视不够。

再次，从影响因素分析来看，青海省缺乏具有创新精神的企业家，规模小的企业受到各种限制，缺乏开展自主创新活动的条件。企业技术水平较低，固定资产投资力度不够，从实证分析结果可以看出，R&D 人员投入和固定资产投资与自主创新能力呈负相关关系，这与现实情况不符，原因是 R&D 人员投入与固定资产投资的力度远远不够。

最后，从创新能力评价的综合排名来看，青海省在创新投入产出、创新资源方面均处于劣势，成果产出方面成效也不显著，但教育经费占地区生产总值的比重较大，说明青海省教育投入大，原因是青海省不易吸引人才，只能加大力度去培养人才。在 R&D 人员投入、R&D 经费支出、专利申请数和新产品销售收入等方面，青海省均排名靠后。

以上是青海省规模以上工业企业发展现状，符合初创期的特征，因此不适合选择集成性创新模式。这是因为，初创期企业很难找到合作伙伴，自身又没有能力来组合要素研发新产品。青海省工业企业应选择消化吸收再创新模式，进行二次创新。本章只是根据大部分企业的发展水平对企业创新模式选择进行分析，但在现实中，各工业企业所处生命周期不同，实际情况也不同，应结合自身情况进行针对性选择。

第6章 增强青海省工业企业技术创新能力的对策建议

针对青海省工业企业在自主创新能力方面存在的诸多问题，如创新意识淡薄、创新投入少、创新成果产出少、知识产权保护不足等，本章提出以下对策建议。

6.1 加大R&D人员投入，完善人才引进与激励机制

青海省工业企业的技术人员、R&D人员、高学历人才投入严重不足，使其在技术创新方面发展缓慢。创新人才是提升自主创新能力的重要因素之一。政府可以协助企业构建人才、项目、资本对接的高端平台，拓宽人才创新创业成果展示的渠道，以更好服务高端人才创新创业，帮助他们解决创业融资难、找市场难等问题，起到帮项目找资金、帮资本找项目、帮人才找市场的作用。

实施创新驱动发展战略，把发展基点放在创新上，以科技创新为核心，以人才发展为支撑，推动科技创新与“大众创业、万众创新”有机结合，塑造更多依靠创新驱动、发挥创新优势的引领型企业。一是制定福利待遇、职称评定、住房补助、医疗保障、子女入学等方面的优惠条件，通过解决生活所需并改善工作环境来吸引各种技术人才。二是与高校合作。青海省工业企业可以通过与青海省本科院校以及专业对口的职业院校进行深度合作，引进高素质、高学历的人才。此外，要充分利用国内外高校科研院所、著名企业的人才资源，采用共建开发基地、合作开发项目、委托培训、咨询交流等方式，吸引国内外一流人才进入企业。三是改革和完善人才激励机制，如采用技术入股、分红等方式调动技术人员的积极性，实现人员与企业两者的利益最大化。实行以增加知识价值为导向的分配政策，提高成果转化收益分享比

例，鼓励企业通过项目招标和科研合作吸纳领军人才，形成尊重劳动、尊重知识、尊重人才、尊重创新的良好风尚和有利于出成果、出业绩的体制机制。四是建立合理的创新人才评价机制。企业应重视个人能力，打破学历、级别等方面的限制，分情况制定动态的人才选拔标准，及时培养具有创新潜力的员工，为高质量发展储备人才。企业应对现有人才管理制度进行革新，可通过在职进修、出国学习、专家讲座等一系列措施保障人才的技术和知识及时更新，通过绩效工资改革、考核方式变更等保障业绩持续上升。五是深化分配制度改革，建立技术创新考核机制。要保护知识产权、技术专利等生产要素参与分配，充分体现科技人员的劳动价值，激励他们创造更多的创新成果；调整企业内部分配结构，使企业技术骨干的收入率先与人才市场接轨；广泛开展职工合理化建议、技术革新、技能大赛等群众性技术创新活动，对有突出贡献的职工优先晋升技术技能等级，充分调动职工参与技术创新的积极性，提高职工的科技素质，建设高素质的创新人才队伍。

6.2 增加自主创新资金投入，扩大融合渠道

技术创新活动的重要保障是充足的研发经费。资金投入是提升创新能力的主要因素。青海省 R&D 经费投入很少，与其他省份的差距很大，导致工业技术创新能力不足，因此青海省工业企业需加大资金投入，保障在创新过程中有充足的研发经费。政府要鼓励和引导企业增加研发投入，大力培育创新型企业，并充分发挥其在技术创新方面的示范引领作用。政策重心应由鼓励引进外资、引进技术向鼓励企业自主创新转移。应加强科技奖励对企业技术创新的引导和激励，最大限度地发挥企业技术创新活力，确保企业技术创新能够实现经济效益提升。推进科研项目经费后补助工作，鼓励和引导企业按照国家战略与市场需求先行开展研发项目。建立多元化的技术创新投融资体系。合理调整技术创新的投资结构，按照“政府引导、市场运作、社会参与”的原则，逐步形成以政府资金为引导、以企业资金为主体、以银行贷款为支撑、以社会筹资和引进外资等风险资金为补充的多层次、多渠道的技术创新投融资体系，健全创业资本市场。扩大自主创新的融资渠道，加强与金融机构的合作，引导担保机构给予贷款支持。适当放宽对投资创新型企业的条件限制，通过扩大税收优惠政策的覆盖范围，鼓励金融机构为企业发展提供资

金扶持，切实解决工业企业自主创新过程中遇到的融资难问题。针对中小企业设立专门的信用担保机构，使其能够获得项目融资，更有效地开展创新活动。企业要树立自主创新意识，切实加大 R&D 经费和新产品开发投入。通过引进先进、实用的生产设备，提高产品的科技含量与附加值。政府要在政策和资金两个方面加大对企业技术创新的扶持力度，如实行减免税、补贴、贷款等财政政策，通过法律形式规定政府对企业自主创新的支持力度，确保创新资金支出在地方财政支出中的比例保持在合理范围。

6.3　建设技术创新平台，鼓励自主创新

提高自主创新能力，是企业保持经济长期平稳较快发展的重要支撑。政府可以通过建设创新平台鼓励企业进行自主创新。青海省要抓住时机，借助协同创新平台，为自主创新提供强大“引擎”。科技创新平台以提升区域创新能力为目标，以产学研等创新主体为依托，汇聚人才、资金、信息等多种创新要素，提供系列科技服务。推动科技创新平台建设与发展，顺应科技发展潮流、提高创新绩效、带动产业升级的现实需要，对于提升区域创新能力、实现高质量发展也具有重要意义。

自主创新能够增强企业的核心竞争力，各部门应鼓励企业走自主创新的道路。具体可从以下几方面着手：第一，设立自主创新专项资金，同时，通过财政及金融政策支持企业进行技术创新。第二，对中小型企业提出针对性的扶持政策，适当放宽创新条件，调动中小企业自主创新的积极性，让更多的企业融入创新环境。第三，企业之间可以通过合作降低研发成本，实现共赢。目前，青海省工业园区还没有充分发挥产业集聚效应，各工业园区内的企业之间分工与协作不多、不深，产业链上的分工也很少，缺乏内在的主动协作机制。青海省处于初创期的工业企业，应该重视企业之间的合作，因为只有通过合作，才能对不同企业的优势资源进行重新组合，企业才能快速进入成长期，自主创新能力才能得到质的飞跃。要充分发挥工业园区的产业集聚效应。工业园区内的企业之间可以共用基础设施，节省基建投资，降低生产成本，加强技术交流，实现互利共赢。青海省工业园区主要依靠资源型的高污染产业，因此要综合利用原料、能源和“三废”资源，减少环境污染，提高自然环境承载能力，走科学的循环经济发展道路。

6.4 建立知识产权保护机制，调动技术创新热情

青海省属于西部欠发达地区，对知识产权的保护不够重视，知识产权保护机制也不完善。建立完善的知识产权保护机制不仅可以确保科技成果完成人有权获得同其创造的科技成果价值匹配的报酬，而且可以充分调动企业科研人员的积极性，使他们更主动地从事创新活动，促进企业科技产出的提高。同时，还能起到避免知识产权纠纷、维护正常技术创新程序、刺激企业加大科技创新投入力度的作用。此外，政府可以实施惩罚性赔偿制度，降低追究侵权行为刑事责任的门槛，不断完善与知识产权保护相关的法律法规。加强知识产权在企业生产中的应用，促进自主创新能力提高。积极申请专利，对专利发明人进行奖励。当专利成果运用于企业生产时，要给予成果创造者一定的报酬。青海省工业企业的技术人才流动较大，说明企业对员工的福利待遇不够重视，员工缺乏积极性和归属感。必须完善创新奖励机制，提高科技人员发明创新的积极性和主动性。企业可以通过多种方式激励科研人员，如期权、分红等。对于在发明专利方面有突出贡献的科技人员，应设置专门的奖励。应鼓励科研机构、高等院校的科技人员进入创新型企业工作，提高此类人才在企业中的比例。企业高级专家可到科研机构或高等院校担任兼职教授或研究员，培养下一代技术人员，创新型企业也要为他们提供相应的工作岗位。青海省需要通过专利成果寻求合作伙伴，通过整合合作企业的优势资源及对技术进行二次研发获得更多新产品，通过与多家企业合作，采取引进消化吸收再创新模式，形成企业集群，缩短专利成果转化的时间。企业要强化品牌意识，努力研发高技术含量的新产品，并使这些新产品符合国内甚至国际的市场需求及标准。

6.5 大力开发科研成果，加强信息建设

企业是创新的主体，要积极与科研院所合作，站在国际前沿和市场前端，不断获得创新“源泉”，并时时关注市场需求，创新出能够满足市场需求的产品。统筹发挥市场配置资源的决定性作用和政府的引导支持作用，形成以企业为主体、以市场为导向、产学研相结合的技术创新体系，并加快科技成果

转化和产业化步伐，为实施创新驱动发展战略提供有力支撑。建立以企业为主导的产业技术创新战略合作机制，强化产学研用相结合，促进科技与经济发展相结合。鼓励企业与国内外的科研院所和高校共建研发机构，共建学科专业，实施合作项目，加强对企业技术创新的理论和前沿先导技术支持。支持行业骨干企业与科研院所、高校签订战略合作协议，建立联合开发、优势互补、成果共享、风险共担的产学研用合作机制，组建产业技术创新战略联盟，提高企业发明专利的产出能力。支持产业技术创新战略联盟按规定承担产业技术研发创新重大项目，制定技术标准，绘制产业技术路线图，搭建技术研发、专利共享和成果转化推广平台。积极探索依托符合条件的联盟成员单位建设国家重点实验室。深入开展试点，加强对产业技术创新战略联盟的分类指导和监督评估。青海省技术创新能力薄弱，技术产出能力全国倒数第二、西北地区倒数第一，与智造水平低下密切相关。要加快推进以企业为主体、政产学研相结合的技术创新体系，推进新产品、新技术研发和产业化，加强质量管理和品牌建设，增强企业核心竞争力，进一步提升工业智造水平、企业信息化程度和技术产出水平。

6.6　打造创新工业，发挥资源优势

“十三五”规划指出，青海省工业偏粗偏重、链条短、附加值低，必须把握当今科技和产业变革方向，坚持走循环经济的发展路子，以创新为动力，加快推进结构调整，促进产业转型升级，全面提高质量和效益，大力推进新型工业化。坚持走绿色循环低碳发展之路，以转型升级和提质增效为核心，加强技术改造、技术创新和技术攻关，提升产业层次和高新产业比重，引领生产方式向绿色、柔性、智能、精细转变，形成生态文明引领、资源高效利用、产业相互融合的循环型工业体系。保持工业持续稳定增长，优化政府引导和服务，化解产能过剩矛盾，淘汰落后低效产能，强化政策和要素保障，增强企业信心，释放企业活力。全面提高盐湖化工、有色冶金、能源化工、特色轻工、建材等传统产业的产品技术、工艺装备、能效环保等水平，推进产业链延伸和产业融合，大力发展新兴产业，打造太阳能、风能光伏基地，重点发展铝、镁新型化工材料，引进国内外电子信息制造优势企业，大力发

展电子元器件、光纤等电子信息材料产品。依托资源优势，以市场为导向，积极寻找产业结构调整的切入点，选择一批符合国家产业政策、成长性好、市场空间大、技术先进、附加值高、规模效益突出、产业关联度大、有发展潜力的新型工业和比较优势产业予以重点扶持，推动新兴支柱产业的形成，发挥重点优势产业和拳头产品的连锁效应，带动相关产业及产品的升级换代，提升青海省工业的整体水平，构筑资源型特色工业经济结构。在经济新常态下，振兴民族品牌有利于弘扬质量至上、精益求精的工匠精神。今后，青海省可着力发展优势产业，借助优势产业发展平台创建民族品牌，将文化理念与产业发展有效结合，形成独特的民族创新品牌。

6.7 培育良好的创新文化环境，提高自主技术创新的产出能力

随着全球化的发展及市场竞争的日益激烈，工业企业对自主技术创新的需求愈加强烈，也更加深刻地意识到创新能使企业获得自主知识产权，提高竞争力，因而要鼓励员工积极参与研发。工业企业能否有效进行自主创新，关键在于企业家创新意识的强弱，只有企业家解放思想，制订符合需求的创新战略计划，利用各种资源支持创新，企业才能有好的创新环境，因而要鼓励有想法的企业家大胆创新。要大力发展教育事业，培养技术人员的创新意识，加强员工之间的学习交流并让他们积极分享自主创新过程中的经验与教训，把创新意识转化为创新行动。由前文对青海省工业企业自主创新能力的评价与分析可知，青海省自主创新产出能力与中西部其他省份相比较弱，因此要努力提高产出能力，特别是有效发明专利数和新产品出口收入。青海省新产品出口收入在中西部省份中排名靠后，说明企业对外开放程度低，过于保守，新产品不符合当前市场的需求，这样企业的市场份额自然会减少，从而难以实现利润最大化。企业应加强与高校、研究机构之间的联系与合作，增加有效发明专利数，集中力量投入优势资源开展创新活动，进一步提高自主创新的产出能力。

6.8　政府应加大对企业创新的扶持力度，做企业的坚强后盾

政府的政策和资金支持是企业创新至关重要的外部影响因素，甚至可以说政府对企业活动的支持力度在很大程度上决定了企业的成败与兴衰。创新型企业要形成良好的创新机制需要强大的资金实力做后盾，而青海省工业企业中小型企业数量多，受制于规模和自身资金实力，其主要资金大多用于满足自身生产经营，科研经费极为有限。

政府对创新型企业的支持可以体现在以下几个方面：第一，在财税政策方面，可以通过变更税收政策、结构性减税等方式鼓励创新型企业将资源投入政府期望的领域和行业，使政府财政资金得到高效率的运作；第二，在创新平台方面，应当制定措施引导创新型企业积极投入区域创新项目和公共科技基础项目，具体形式包括建立创新型企业实验室、对科研中心的项目布局进行调整等；第三，在补贴形式方面，政府对创新型企业的补助领域和补助条件应层次分明，要将重点放在有重大突破的高新技术上，并在技术研发和技术试验阶段进行适当补偿，以降低企业在研发方面的风险；第四，在人才政策方面，向拥有高技术、高学历的人才开辟绿色专项通道，确保企业能顺利引进高层次人才；第五，在决策参与方面，政府要鼓励创新型企业以及相关领域的专家学者积极参与政府决策和政策制定，广泛听取社会各界的意见和建议。此外，政府应提高对工业企业的固定资产投资水平，鼓励、支持和引导企业引进新的技术或改善生产设备，发明新的工艺，提高自主创新能力，进而提高产品生产效率，同时降低生产成本，实现利润最大化。

参考文献

［1］韩庆祥．创新驱动，构建国家发展的战略支点［J］．云南教育（视界综合版），2012（11）：10.

［2］罗斯托．经济成长的阶段［M］．北京：中国社会科学出版社，2010：27.

［3］弗里曼．技术政策与经济绩效［M］．南京：东南大学出版社，2008：134-139.

［4］卫中旗，熊薇，黎彩眉．企业自主创新能力提升路径研究：以广东省江门市为例［J］．长春理工大学学报（社会科学版），2013，（26）3：98-101.

［5］傅家骥．技术创新学［M］．北京：清华大学出版社，1998：330-339.

［6］许庆瑞．技术创新管理［M］．杭州：浙江大学出版社，1990：15.

［7］陈其荣．技术创新的哲学视野［J］．复旦学报（社会科学版），2000（1）：15-20.

［8］缪根红，陈万明，朱雪春．基于因子分析法的大中型工业企业技术创新能力评价［J］．技术经济，2013（7）：42-46.

［9］李庭辉，董浩．基于 LSTAR 模型的技术创新与产业结构关系实证研究［J］．中国软科学，2018（6）：151-162.

［10］金成．战略性新兴产业技术创新能力的计量分析［J］．统计与决策，2019（5）：110-113.

［11］张琳，黄艳艳．基于 DEA 方法的创新型企业技术创新能力评价分析［J］．南京工业大学学报（社会科学版），2012，11（4）：36-38.

［12］白雪梅，朱晓峰，张琳．基于因子分析法的创新型企业技术创新能力评价研究［J］．研究与探索，2013（5）：43-44.

［13］陈劲，赵闯，贾筱．重构企业技术创新能力评价体系：从知识管理到价值创造［J］．技术经济，2017，36（9）：1-8，30.

［14］李晓莉，于渤．技术创新战略与技术创新能力的交互对后发企业技术跨越的影响［J］．技术经济，2018，37（4）：1-11.

［15］刘璇，王亚田，王丽．科技型中小企业技术创新能力评价指标研究［J］．中国集体经济，2019(6)：74-75.

［16］陈劲．从技术引进到自主创新的学习模式［J］．科研管理，1994(2)：32-34.

［17］张茜．企业自主创新的实现路径及其模式选择研究［M］．北京：中国水利水电出版社，2007.

［18］曾闯．黑龙江省装备制造业自主创新能力提升机制研究［D］．哈尔滨：哈尔滨工业大学，2016.

［19］朱晓琼．企业自主创新模式研究［J］．人力资源管理，2016(1)：204-207.

［20］陈娟，唐齐齐．企业自主创新能力的影响因素及对策探讨［J］．经济观察，2018(19)：11-12.

［21］赵晓庆，许庆瑞．自主创新模式的比较研究［J］．浙江大学学报(人文社会科学版)，2009，39(4)：55-56.

［22］李明惠．生命周期视域下大企业集群自主创新模式选择［J］．科技进步与对策，2018，38(8)：92-99.

［23］杨武．基于创新能力强度与匹配的企业自主创新模式选择机理研究［J］．科技进步与对策，2014，31(18)：97-103.

［24］刘志峰，赵楠．试论中小企业自主创新模式［J］．黑龙江社会科学，2012，130(1)：87-89.

［25］曾锴．中国烟草工业企业的自主创新模式探讨［J］．湖南农业科学，2010(5)：115-117，129.

［26］王伟光，吉国秀．沈阳装备制造业自主创新模式选择与支撑政策研究［J］．中国科技论坛，2007(7)：30-33.

［27］陈华，祝琴，喻登科．江西省科技型小微企业创新能力评价及提升对策研究［J］．科技进步与对策，2014，31(13)：130-131.

［28］丁伟，等．西部后发地区高技术产业技术创新能力评价与对策研究：以贵州省为例［M］．贵州：贵州大学出版社，2015：108-120.

［29］杨诗炜，张光宇，邓彦，等．基于密切值法的我国区域工业企业创新绩效评价［J］．会计之友，2018(8)：60-66.

［30］魏后凯，吴利学．中国地区工业竞争力评价［J］．中国工业经济，

2002(11)：54-62.

[31] 程广斌，陈景沛．中国西部地区工业企业技术创新能力与工业竞争力的关联分析[J]．改革与战略，2015(7)：120-124.

[32] 雷玉桃，柳明璐．环境规制对区域工业竞争力的影响研究：基于空间效应的分析[J]．工业技术经济，2017，36(5)：3-12.

[33] 和军，张依．改革开放以来东北地区工业竞争力演变、原因及提升路径[J]．中国特色社会主义研究，2018(5)：25-33，68.

[34] 王燕飞．国家价值链视角下中国产业竞争力的测度与分析[J]．数量经济技术经济研究，2018，35(8)：21-38.

[35] 张俊，林卿，王江泉．工业竞争力升级对碳生产率的影响研究[J]．电子科技大学学报(社科版)，2019，21(1)：94-103.

[36] 王杰，王翔宇，孙学敏．中国高等工程教育对地区工业竞争力的影响：基于耦合协调的视角[J]．经济经纬，2019，36(2)：79-86.

第二篇

青海省现代服务业创新能力评价与对策研究

2023 年 2 月 6 日，中共中央、国务院印发了《质量强国建设纲要》，提出在增强产业质量竞争力方面，要提高产业质量竞争水平，加快培育服务业新业态新模式。为推动新形势下服务业高质量发展，青海省政府出台《青海省人民政府办公厅关于推动青海省服务业高质量发展的实施意见》《青海省 2021 年服务业发展工作要点》《关于推动先进制造业与现代服务业深度融合发展的实施意见》等一系列政策措施，为促进青海省现代服务业创新发展营造了良好的政策氛围。大力发展现代服务业，促进传统服务行业转型升级，不断提升服务水平，有助于实现服务质量的飞跃，深入推进服务领域的改革与开放，打造优质、高效、布局合理、竞争力十足的服务产业新格局。现代服务业的发展，不仅是技术创新的结果，还是经济发展和产业结构优化调整的必然结果。通过不断推动现代服务业的创新，可以显著提升国家和地区的经济实力，并在国际舞台上获得竞争优势。

第1章 青海省现代服务业与技术创新发展现状

1.1 青海省现代服务业发展现状

现代服务业包括信息传输、软件和信息技术服务业，金融业，房地产业，租赁和商务服务业，科学研究和技术服务业，水利、环境和公共设施管理业，教育，卫生和社会工作，文化、体育和娱乐业九大领域。

1.1.1 青海省三次产业结构分析

随着产业结构的优化升级，青海省现代服务业不断发展，其规模和内部结构也发生了显著变化，见表2-1-1。

表2-1-1 青海省三次产业结构变化

年份	地区生产总值（亿元）	第一产业		第二产业		服务业		其中：现代服务业	
		增加值（亿元）	占地区生产总值的比重（%）	增加值（亿元）	占地区生产总值的比重（%）	增加值（亿元）	占地区生产总值的比重（%）	增加值（亿元）	占地区生产总值的比重（%）
2012	1893.54	176.91	9.34	1092.34	57.69	624.29	32.97	295.51	15.61
2013	2122.06	210.46	9.92	1152.02	54.29	762.82	35.95	369.98	17.43
2014	2303.32	222.13	9.64	1235.09	53.62	849.59	36.89	420.70	18.26
2015	2417.05	244.22	10.10	1208.05	49.98	997.15	41.25	511.86	21.18
2016	2572.49	228.19	8.87	1250.72	48.62	1097.45	42.66	569.53	22.14
2017	2624.83	245.67	9.36	1162.41	44.29	1220.38	46.49	662.62	25.24
2018	2748.00	275.82	10.04	1093.72	39.80	1382.32	50.30	831.97	30.28

续表

年份	地区生产总值（亿元）	第一产业		第二产业		服务业		其中：现代服务业	
		增加值（亿元）	占地区生产总值的比重（%）	增加值（亿元）	占地区生产总值的比重（%）	增加值（亿元）	占地区生产总值的比重（%）	增加值（亿元）	占地区生产总值的比重（%）
2019	2741.07	310.16	11.32	1153.92	42.10	1481.12	54.03	891.41	32.52
2020	3009.81	346.61	11.52	1143.2	37.98	1524.31	50.64	932.95	31.00
2021	3346.63	361.56	10.80	1332.61	39.82	1656.91	49.51	990.62	29.60

资料来源：根据《青海统计年鉴2022》相关数据整理计算得到。

从表2-1-1中可以看出，青海省服务业的增加值呈逐年上升态势，从2012年的624.29亿元增长到2021年的1656.91亿元，增长了1.65倍。青海省第一产业占比始终处于较低水平，在10%左右，第二产业占比总体呈现显著下降趋势，从2012年到2021年下降了约18个百分点，服务业增加值占比在30%以上，呈现稳步上升的态势。此外，现代服务业的增加值占比也总体呈现上升趋势，为青海省经济发展注入了活力和生机。

1.1.2 青海省现代服务业经济总量分析

随着产业结构的调整和优化，现代服务业增加值占服务业增加值比重基本呈现逐渐上升的趋势，见表2-1-2。

表2-1-2 2012—2021年青海省现代服务业增加值及占服务业增加值比重

年份	现代服务业增加值（亿元）	地区生产总值（亿元）	现代服务业增加值占地区生产总值的比重（%）	服务业增加值（亿元）	现代服务业增加值占服务业增加值的比重（%）
2012	295.51	1893.54	15.61	624.29	47.34
2013	369.98	2122.06	17.43	762.82	48.50
2014	420.70	2303.32	18.26	849.59	49.52
2015	511.86	2417.05	21.18	997.15	51.33
2016	569.53	2572.49	22.14	1097.45	51.90
2017	662.62	2624.83	25.24	1220.38	54.30
2018	831.97	2748.00	30.28	1382.32	60.19

续表

年份	现代服务业增加值（亿元）	地区生产总值（亿元）	现代服务业增加值占地区生产总值的比重（%）	服务业增加值（亿元）	现代服务业增加值占服务业增加值的比重（%）
2019	891.41	2741.07	32.52	1481.12	60.18
2020	932.95	3009.81	31.00	1524.31	61.20
2021	990.62	3346.63	29.60	1656.91	59.79

资料来源：根据《青海统计年鉴2022》相关数据整理计算得到。

近年来，青海省第三产业迅速发展，提供了很多创新和创业机会。在特色产业方面，青海省第三产业具有较强的经济和技术基础。2010—2018 年，青海省三次产业结构出现了较大变化。2012 年，第一、第二、第三产业的比重分别为 9.34%、57.69%和 32.97%，这为青海省的创新和创业提供了更多的机遇。现代服务业增加值呈现逐年上升的趋势，从 2012 年的 295.51 亿元上升至 2021 年的 990.62 亿元。从图 2-1-1 中可以看出，现代服务业增加值占地区生产总值的比重也呈现上升态势，从 2012 年的 15.61%上升至 2021 年的 29.60%。现代服务业增加值占服务业增加值的比重始终保持在较高水平。2021 年，现代服务业增加值达到 990.62 亿元，占服务业增加值的比重达到 59.79%。这说明现代服务业的发展不仅取得了巨大成果，而且逐渐成为青海省经济的主导产业。我们应大力提高现代服务业的创新能力，促进经济的可持续发展。

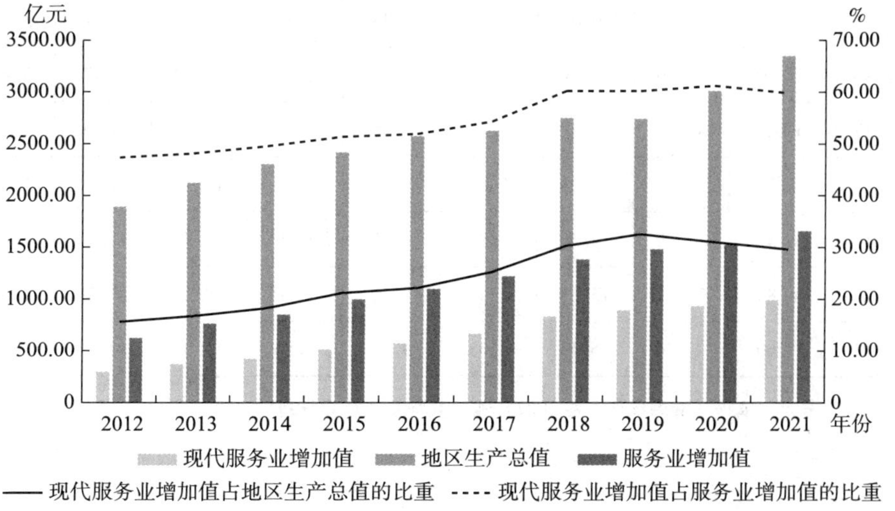

图 2-1-1　2012—2021 年青海省现代服务业增加值变化

1.1.3 青海省现代服务业内部结构分析

随着三大产业的不断演进，现代服务业的内部结构也在不断变化，呈现出多样性和复杂性。从表2-1-3中可以看出，在青海省现代服务业内部各细分部门中，除了信息传输、软件和信息技术服务业，租赁和商务服务业，以及文化、体育和娱乐业所占比重下降外，其他行业均稳步上升，尤其是房地产业，科学研究和技术服务业，教育，卫生和社会工作等行业，发展速度明显加快。其中，金融业变化幅度最大，但相对来说，其增加值占比一直较高。由前文分析可以推断出，金融业、房地产业和教育是青海省现代服务业发展的主要支柱，而科学研究和技术服务业的增加值占比也基本呈逐年上升态势，表明青海省现代服务业的创新发展具有巨大潜力。

表2-1-3 青海省现代服务业内部结构

单位：%

年份	信息传输、软件和信息技术服务业	金融业	房地产业	租赁和商务服务业	科学研究和技术服务业	水利、环境和公共设施管理业	教育	卫生和社会工作	文化、体育和娱乐业
2012	18.33	28.33	10.63	8.01	6.67	1.60	12.97	8.01	5.45
2013	10.92	39.25	12.49	8.72	5.51	1.39	11.60	6.40	3.70
2014	10.66	41.65	11.64	8.45	5.32	1.34	11.20	6.18	3.56
2015	10.26	43.15	10.47	8.13	5.43	1.37	11.44	6.31	3.42
2016	10.26	43.16	9.86	8.13	5.57	1.41	11.72	6.47	3.42
2017	13.28	41.44	9.19	8.21	5.38	1.30	11.32	6.29	3.59
2018	6.75	31.19	14.29	6.60	8.83	1.79	17.17	11.40	1.97
2019	6.37	29.50	14.30	7.02	9.28	1.89	17.87	11.77	2.01
2020	6.84	28.27	15.61	5.42	9.30	1.90	18.27	12.58	1.81
2021	7.60	27.76	15.13	5.35	9.68	1.86	17.99	12.75	1.88

资料来源：根据《青海统计年鉴2022》相关数据整理计算得到。

1.2　青海省现代服务业技术创新发展现状

1.2.1　青海省现代服务业规模以上企业创新活动总体情况

2017—2021 年青海省现代服务业规模以上企业创新活动总体情况见表 2-1-4。这里主要对现代服务业现存企业、开展创新活动的企业、成功实现创新的企业、同时实现四种创新的企业、开展产品或工艺创新的企业，以及有组织（管理）创新或营销创新的企业的情况进行分析。

表 2-1-4　2017—2021 年青海省现代服务业规模以上企业创新活动总体情况

年份	现代服务业现存企业数（家）	开展创新活动的企业		成功实现创新的企业		同时实现四种创新的企业		开展产品或工艺创新的企业		有组织（管理）创新或营销创新的企业	
		数量（家）	比重（%）	数量（家）	比重（%）	数量（家）	比重（%）	数量（家）	比重（%）	数量（家）	比重（%）
2017	164	51	31	47	29	6	4	26	16	42	26
2018	140	44	31	41	29	12	9	24	17	37	26
2019	174	69	40	60	34	14	8	40	23	56	32
2020	185	69	37	69	37	12	6	42	23	63	34
2021	194	71	37	60	31	8	4	46	24	56	29

资料来源：根据《青海统计年鉴 2022》相关数据整理计算得到。

通过梳理青海省现代服务业规模以上企业创新活动总体情况可知，现代服务业企业数总体呈上升趋势，开展创新活动的企业、成功实现创新的企业、同时实现四种创新的企业、开展产品或工艺创新的企业，以及有组织（管理）创新或营销创新的企业所占比重多数年份呈上升态势且发展较为稳定；但是，我们也不难看出，这几类企业所占比重都较低，尤其是同时实现四种创新的企业，历年比重均未达到 10%，说明青海省现代服务业规模以上企业创新活动总体情况并不乐观，但其发展趋势是稳定上升的，有巨大的发展空间。

1.2.2 青海省现代服务业人才投入

要想分析现代服务业的创新能力，就要考虑人员投入的问题，因为现代服务业的内涵已经告诉我们，它是知识密集型产业，能为消费者提供高质量、高附加值、高技术水平的生产或生活服务，而人才投入是衡量现代服务业创新能力的重要指标。这里整理了 2017—2021 年青海省国有企业、事业单位现代服务业专业技术人员情况，见表 2-1-5。

表 2-1-5 2017—2021 年青海省国有企业、事业单位现代服务业专业技术人员情况

单位：人

年份	企业性质	信息传输、软件和信息技术服务业	房地产业	租赁和商务服务业	科学研究和技术服务业	水利、环境和公共设施管理业	居民服务和其他服务业	教育	卫生和社会工作	文化、体育和娱乐业	小计	合计
2017	事业单位	136	194	22	4449	2831	218	64177	33567	5442	111092	114139
	国有企业	769	401	83	621	712	110			225	3047	
2018	事业单位	126	112	16	3955	2516	499	61628	22279	3882	95129	98202
	国有企业	762	378	54	636	822	102	11		175	3073	
2019	事业单位	160	179	16	3855	2471	391	61807	24358	3587	96920	99701
	国有企业	610	144	109	757	740	139		2	170	2781	
2020	事业单位	233	100	7	3739	2514	420	63110	22835	4201	97274	100133
	国有企业	573	163	143	840	790	110			155	2859	
2021	事业单位	321	73	32	3924	2409	728	62998	23601	3725	97901	100753
	国有企业	595	147	106	813	766	93		1	212	2852	

资料来源：根据《青海统计年鉴 2022》相关数据整理计算得到。

从表 2-1-5 中可以看出，2017—2021 年青海省现代服务业专业技术人员变化不大，基本保持在较为稳定的水平。由此可以推断，掌握专业技术的人才数量不多，而掌握各种顶尖技术的人才更是稀缺。因此，应当加大人才培养、挖掘和引进力度。

从表 2-1-6 中可以看出，2017—2021 年，青海省现代服务业科技机构数有一定的波动，有 R&D 活动的机构数基本保持在稳定的水平。现代服务业全部科技活动人员数 2017 年最多，为 5837 人，其中具有大学本科及以上学历人员数 2019 年最少，为 2996 人，R&D 人员数基本保持在 1500 人左右。显然，2017—2021 年，这几项指标并没有很大增幅，可见在人才投入方面，青海省现代服务业的发展较为缓慢，人才聚集不多。

表 2-1-6　2017—2021 年青海省现代服务业科技机构主要人员指标情况

年份	科技机构数（家）	有 R&D 活动的机构数（家）	全部科技活动人员数（人）	大学本科及以上学历人员数（人）	R&D 人员数（人）
2017	77	36	5837	4376	1552
2018	59	28	4922	3713	1550
2019	48	30	3967	2996	1499
2020	58	29	4298	3281	1625
2021	61	31	4366	3817	1559

资料来源：根据《青海统计年鉴 2022》相关数据整理计算得到。

1.2.3　青海省现代服务业经费投入

R&D 是一种有组织性的创新行为，其目的在于通过基础研究、应用研究和试验发展来促进科学技术领域的知识积累，达到不断提高技术水平、开拓市场和推动经济发展的目的，并将这些积累的知识应用于新的领域。经费投入是体现现代服务业创新能力的一个重要指标，是政府、社会、事业单位为了提高现代服务业创新能力、加快现代化产业建设投入的全部经费支出，主要包括科技活动经费收入中政府拨款、科技活动经费内部支出、R&D 经费内部支出和 R&D 课题经费等指标。本章通过梳理相关数据得到表 2-1-7。

表 2-1-7 2017—2021 年青海省现代服务业科技机构主要经费指标情况

年份	有 R&D 的机构数（家）	科技活动经费收入中政府拨款（万元）	科技活动经费内部支出（万元）	R&D 经费内部支出（万元）	R&D 课题经费（万元）
2017	36	163344. 6	196476. 2	34533. 7	19174. 5
2018	28	165582. 6	231943. 2	39846. 1	19156. 2
2019	30	94574. 0	217279. 0	40256. 1	19223. 0
2020	29	120417. 0	223189. 0	41567. 1	20236. 1
2021	31	110563. 0	242256. 7	40168. 0	21106. 0

资料来源：根据《青海统计年鉴 2022》相关数据整理计算得到。

从表 2-1-7 中可以看出，2017—2021 年，科技活动经费收入中政府拨款总体呈下降趋势，2019 年下降幅度最大，但 2020 年有所提高，究其原因，可能是受疫情影响；科技活动经费内部支出在 2020 年以后有明显增加，说明科技活动有较大发展；R&D 经费内部支出和 R&D 课题经费总体呈现增加态势，说明青海省现代服务业的经费投入为其创新发展营造了一个良好的环境，但是由于增幅不大，未有明显成效。未来，青海省应加大资金投入力度，企业也应主动进行自主研发，以减少对进口技术的依赖，强化资金保障作用。

1. 2. 4 青海省现代服务业重大科技成果

青海省现代服务业重大科技成果能在一定程度上体现青海省现代服务业的创新能力。本章对青海省现代服务业重大科技成果登记情况进行了统计，见表 2-1-8。

表 2-1-8 2017—2021 年青海省现代服务业重大科技成果登记基本情况 单位：项

年份	行业	合计	独立科研机构	大专院校	企业	医疗机构	其他
2017	信息传输、软件和信息技术服务业	2		1	1		
	科学研究和技术服务业	10	5	1	1		3
	水利、环境和公共设施管理业	11		4	5		2
	卫生和社会工作	61		3	1	54	3

续表

年份	行业	合计	独立科研机构	大专院校	企业	医疗机构	其他
2018	信息传输、软件和信息技术服务业	7	1		4		2
	科学研究和技术服务业	19	5	3	2		9
	水利、环境和公共设施管理业	5		3	1		1
	卫生和社会工作	66	1	3	2	58	2
2019	信息传输、软件和信息技术服务业	8		3	4		1
	科学研究和技术服务业	15	5	3	4		3
	水利、环境和公共设施管理业	6		1	4		1
	卫生和社会工作	73				72	1
2020	信息传输、软件和信息技术服务业	12	3	4	5		
	科学研究和技术服务业	32	5	3	11	1	12
	水利、环境和公共设施管理业	13		2	5		6
	卫生和社会工作	92	2	5	2	80	3
2021	信息传输、软件和信息技术服务业	18		2	11		5
	科学研究和技术服务业	31	12	5	4		10
	水利、环境和公共设施管理业	33	4	1	12		16
	卫生和社会工作	144	2	2	3	136	1

资料来源：根据《青海统计年鉴 2022》相关数据整理计算得到。

从表 2-1-8 中可以看出，2017—2021 年，青海省现代服务业的科技成果逐年增多。相比其他行业，卫生和社会工作领域的技术成果是最多的，为现代化医疗服务提供了良好的创新基础。随着社会的不断发展，青海省的科技实力将不断增强，这对青海省经济的可持续发展将起到促进作用。

第2章 青海省现代服务业创新能力的影响因素与发展中存在的问题

2.1 青海省现代服务业创新能力的影响因素

2.1.1 科技研发投入

有关研究表明，企业在进行技术创新的同时，也为自身发展提供了一种有效的支持。服务业的创新不像制造业那样依赖研发部门。但是，随着经济社会的持续发展，服务业的竞争越发激烈，消费主体对服务产品的要求也越来越高。因此，对服务业企业来说，应注重管理方式的信息化、产品的个性化以及服务的人性化。

科技研发投入是创新必不可少的一环，只有投入更多的研发经费，才能使现代服务业的发展具有更高的质量、更高的附加值和更高的技术水平。青海省现代服务业在科技研发方面的投入越多，对创新的影响越大。从医疗机构科技成果来看，由于对人民健康的高度重视，科技研发投入较大，取得了较好的成果。随着信息和网络技术的发展，现代服务业的发展越来越依赖高科技的支撑。科技水平越高的现代服务业企业，具有越强的创新能力，即科技研发投入是影响现代服务业创新的关键因素之一。

2.1.2 人力资源投入

现代服务业尤其是金融，信息传输、软件和信息技术等行业对人才有更高的要求，由此不难看出，人力资源投入也是影响现代服务业创新的关键因素。在现代服务业中，创新所需人力资源包括直接从事高技术研发的研究人员、对企业创新进行协调和安排的管理者，以及与客户直接打交道的员工。现代服务业最明显的一个特点就是，公司向客户提供的是看不见的服务，大部分服务是在生产和消费两个过程中进行的，因此，员工对于客户对服务产品的直接需要有着更多的了解，而且员工很容易在创新的过程中产生新的想法，从而提出与市场需求相匹配的可行性建议。在服务过程中，员工负责向顾客介绍新产品，带领顾客对新产品进行体验，因而可以第一时间获得顾客的反馈意见。员工自身的专业素质、沟通能力和实际经验等对现代服务业的创新也是非常重要的。结合青海省现代服务业从业人员的文化程度、现有专业技术人员的状况和从事研究工作的人员的状况可知，要进行创新，就必须认识到制约其发展的一个关键因素，那就是对人才的投资。只有拥有更多的人才，才能更快地实现创新和发展。

2.1.3　物资投入

青海省地域辽阔，人口稀少，相较于东部省份，资源禀赋较差。经过改革开放 40 多年的发展，青海省已驶入快车道，正处于由传统向现代转型的阶段。在这个过程中，我们必须认识到，现代通信设施、交通网络等是促使现代服务业企业集聚的重要因素，也是留住人才的一种辅助方式。现代通信设施要足够发达、交通网络系统要足够完善，才能为现代服务业提供坚实的物质基础。因此，物资投入也是影响现代服务业创新的关键因素。

2.1.4　信息化水平

当今世界，信息技术的飞速发展是不可否认的事实。一个国家的信息化水平越高，就意味着它在国际竞争中的竞争力越强。在服务业创新方面，信息和通信技术被视为重要的动力。充足的信息和网络技术投资是企业内部促进服务业创新的重要驱动力量。当然，从技术密集度的角度来看，现代服务业的技术密集度低于制造业。但是，从影响效果来看，信息和通信技术对服务业的影响要远高于制造业。信息和通信技术使信息生产独立出来，成为一种重要的交流网络，通过促进顾客需求的信息流动，形成了一条重要的营销渠道。信息和通信技术的发展使现代服务业的基本运作模式发生了巨大的变化，并且越来越多的现代服务产业将信息和通信技术作为创新和发展的基本要素来应用。现代服务业是一个新兴产业，其发展具有很大的不确定性。信息化对现代服务业创新起着明显的促进作用，信息化水平已经成为影响现代服务业创新的重要因素。

2.1.5 政策（制度）因素

一国经济的发展，与其所处的社会体制和制度环境密切相关。不同国家在不同时期会制定不同的政策，而不同的政策会对经济发展以及企业的创新活动产生不同的影响。与制造业相比，服务业对制度的依赖性更强，因此，在一定程度上，服务业的创新行为会受到制度环境的影响。服务市场的开放性为服务企业的创新创造了有利的外部环境，但规制过严可能导致企业的创新动机被抑制、创新绩效被扭曲。从这一点可以看出，在青海省现代服务业创新发展过程中，政策因素是一个很大的制约因素，要想使现代服务业健康稳定发展，就要创造一个良好的内部成长环境。

2.1.6 市场竞争制度

青海省现代服务业市场体系逐步完善，要想更快地促使企业进行创新，就必须营造一个良好的市场竞争环境，这也是企业创新的重要保障。激烈的市场竞争是企业创新的主要推动力，可以让企业敢于创新、乐于创新和善于创新。若企业所处行业存在生产能力过剩、竞争缺乏的情况，则垄断和无序竞争将会对企业的创新活动产生不利影响。对于现代服务业企业，缺乏竞争会使其安于现状，缺乏创新动力。只有公平竞争的市场秩序才会吸引更多企业进入市场。在有序竞争的市场环境下，为提高生产效率，企业也需采取更先进的科学技术。为了争取客户，企业会采用新方法改进产品和服务，从而使新技术在行业内不断涌现，加速行业技术进步。同时，企业不断采用新方法推出新产品，可以满足客户的更多需求，推动行业技术水平不断提升。

2.2 青海省现代服务业创新发展中存在的问题

2.2.1 市场开放程度不够，制度体系不完善

就青海省当前的发展环境而言，由于地处内陆，其自然环境和气候条件与我国其他地区相比较为恶劣，同时经济发展水平相对落后。青海省的科技发展较为落后，现代服务业和相关政策的实施远远跟不上时代的步伐。青海

省现代服务业缺乏完善的政策体系，而相关制度的不到位也严重影响了其发展。

2.2.2　总体规模不大，缺乏核心竞争力

目前，青海省的现代服务业虽然已有了一些发展，但是与东部经济发达地区还存在很大差距。从对青海省现代服务业现状的分析中可以看出，一些科技服务机构存在定位模糊、依赖传统业务、缺乏特色服务、服务水平较低、信息技术研发水平低及经营方式单一等问题。此外，青海省现代服务业分工不清晰，产业集聚效应不显著，专业化程度不高。

2.2.3　金融业科技发展较慢，投融资体系有待提升

“四个全面”战略的目标是推进经济转型升级，将科技与金融有机结合，以激发更多的内在活力。青海省现代服务业主要由政府引导，但其增收能力相对较弱。大多数企业由于融资规模有限，无法充分利用资本市场的资金流动性，从而导致资金短缺。现代服务业对金融产品的需求量巨大，迫切需要更多的新产品。目前，多数金融机构在为各种行业和特定类别的科技公司提供融资服务时缺乏针对性。此外，金融机构对科技与金融方面的风险管理和监督也不到位，需要进一步完善风险度量和预警系统。

2.2.4　专业人才数量不多，综合素养有待提高

从前文分析来看，青海省现代服务业创新发展在人才方面存在的问题主要体现在两个方面：一是企业的创新能力和竞争意识相对较弱，导致储备的科技人才较少，且这些人才的素质有待提升。由于内部沟通和交流的局限性，以及很难接触到国际先进技术，科技人员的综合素质很难真正提高。二是青海省现代服务业的发展迫切需要大量专业型人才来支撑，特别是物流、电子商务、金融科技服务和信息技术等领域的人才。由于人才短缺，这些领域的创新发展受到了限制。

第3章 青海省现代服务业创新能力评价

本章阐明了构建评价指标体系的原则和思路，并以影响因素分析为基础，构建了一套衡量现代服务业企业创新能力的指标体系。结合现状分析运用的相关数据，采用文献分析法和熵值法相结合的方法，提取指标层数据，对每个指标进行熵权计算，在此基础上，计算出二级指标的综合得分，最终对青海省现代服务业创新能力进行综合评价。

3.1 构建创新能力评价指标体系

3.1.1 构建创新能力评价指标体系的原则

（1）科学性原则

在研究分析过程中，指标的选择要建立在科学的理论和方法的基础上，并根据实际情况和数据特征合理确定各项指标的权重。在进行数据筛选、处理时，要运用科学有效的方法对分析区域现代服务业发展现状和创新能力进行正确的反映。

（2）客观性原则

应根据实际情况确定指标，避免主观的、不合理的、不具有代表性的、不具有权威性的数据源，以免影响评价结果。本章用到的数据和指标，都是从历年政府统计年鉴和统计公报中提取出来的，在进行数据处理时，把各年的数据指标都转换成了统一的量纲，以便更好地进行比较。

（3）可比性原则

在实证研究中，可以使有关数据指标具有时空上的可比性。本章按照时间线进行了排序，以确保在创新能力评价过程中能进行横向和纵向比较，提高计算结果的可靠性。

（4）可操作性原则

理论研究以指导生产活动为目的，不能因为某一因素在某一阶段被考虑得比较多，或者某一阶段被重视的程度比较高，就认为该因素在该阶段是必要的。在进行研究时，要充分考虑可行性因素，对于那些不可预测和无法控制的因素，应降低其权重或直接排除。影响现代服务业发展的因素较多，且影响程度不一，应选择代表性强、具有典型性的指标进行分析。这样不仅有利于实际操作，而且能有效指导产业的生产活动。

（5）系统性原则

现代服务业涉及的评价因素众多，因而其评价体系是一个有机整体，由相互关联的一系列指标构成。在构建模型时，应基于系统的视角，综合考虑各指标之间的相互渗透和作用关系，并进行合理的组合、筛选，而不是列出所有指标。

3.1.2 构建创新能力评价指标体系的思路

进行现代服务业创新能力评价的基础是选取评价指标，评价指标设置是否合理与准确，会直接影响评价结果的准确性、科学性和可靠性。首先，应在查阅和梳理大量文献的基础上，进行评价指标的初选，确定评价目标。其次，应按照相关原则，对提取的每个指标进行分析，进而做出取舍，最终梳理出能够全面反映实际情况的评价指标。最后，对评价指标进行完善和调整，形成最终的评价指标体系。

3.1.3 创新能力评价指标的选取

进行现代服务业创新能力评价，首先要解决的一个问题就是现代服务业创新能力评价指标的确定。张鑫、梁佩云和陈茹茹（2020）从服务创新产业发展潜力、服务创新资源投入能力、服务创新成果创造能力3个方面构建科技服务业服务创新能力评价指标体系，运用改进的CRITIC-VIKOR法对我国科技服务业服务创新能力进行综合评价。赵蓓蓓、吴秀云和高媛媛（2016）从创新环境、创新资源、创新产出3个维度，选取东部14个省、市服务业反映创新能力的11个指标作为观测变量，对服务业的创新能力进行评析。申静、孟越和杨保珠（2014）从创新投入、创新产出和创新环境3个维度构建我国高技术服务业服务创新能力评价指标体系。

3.1.4 构建创新能力评价指标体系

本章构建的创新能力评价指标体系包含一级指标、二级指标和三级指标。一级指标为创新能力，二级指标有3个，三级指标有14个，见表2-3-1。

创新能力是指现代服务业的技术系统通过促进各种资源要素的优化配置，推动行业的发展。因此，创新投入不仅是要素优化的前提，还是现代服务业创新的基础。本章仅用投入的有形资产反映现代服务业的创新投入情况，具体来说，创新投入指标包括R&D活动人员数占全部科技活动人员数的比重、本科以上学历人员数占全部科技活动人员数的比重、现代服务业专业技术人员数、研发经费、R&D经费占现代服务业增加值的比重5个指标。

创新产出指标包括现代服务业增加值、现代服务业增加值占地区生产总值的比重、现代服务业重大科技成果、现代服务业科技成果占全省专利授权量的比重4个指标。

创新环境指标包含研发经费占地区生产总值的比重、每万人科技活动人员数、科技活动经费收入中财政拨款、R&D经费内部支出、成功实现创新的企业占企业数的比重5个指标。

表2-3-1 创新能力评价指标体系

一级指标	二级指标	三级指标
创新能力 A	创新投入 B_1	R&D活动人员数占全部科技活动人员数的比重 C_1
		本科以上学历人员数占全部科技活动人员数的比重 C_2
		现代服务业专业技术人员数 C_3
		研发经费 C_4
		R&D经费占现代服务业增加值的比重 C_5
	创新产出 B_2	现代服务业增加值 C_6
		现代服务业增加值占地区生产总值的比重 C_7
		现代服务业重大科技成果 C_8
		现代服务业科技成果占全省专利授权量的比重 C_9
	创新环境 B_3	研发经费占地区生产总值的比重 C_{10}
		每万人科技活动人员数 C_{11}
		科技活动经费收入中财政拨款 C_{12}
		R&D经费内部支出 C_{13}
		成功实现创新的企业占企业数的比重 C_{14}

3.2　熵值法评价过程

3.2.1　相关数据整理

创新能力评价原始数据见表 2-3-2。

表 2-3-2　创新能力评价原始数据

三级指标	2017 年	2018 年	2019 年	2020 年	2021 年
R&D 活动人员数占全部科技活动人员数的比重 C_1	0.2660	0.3150	0.3780	0.3780	0.3570
本科以上学历人员数占全部科技活动人员数的比重 C_2	0.7500	0.7540	0.7550	0.7630	0.8740
现代服务业专业技术人员数 C_3（人）	114139	98202	99701	100133	100753
研发经费 C_4（万元）	53708.2	59002.3	59479.1	61803.2	61274.0
R&D 经费占现代服务业增加值的比重 C_5	0.0081	0.0071	0.0067	0.0066	0.0062
现代服务业增加值 C_6（亿元）	662.62	831.97	891.41	932.95	990.62
现代服务业增加值占地区生产总值的比重 C_7	0.2520	0.3030	0.3520	0.3100	0.2960
现代服务业重大科技成果 C_8（项）	84	97	102	149	226
现代服务业科技成果占全省专利授权量的比重 C_9	0.0532	0.0364	0.0335	0.0317	0.0343
研发经费占地区生产总值的比重 C_{10}	0.0020	0.0021	0.0022	0.0021	0.0018
每万人科技活动人员数 C_{11}（人）	0.5837	0.4922	0.3967	0.4298	0.4129
科技活动经费收入中财政拨款 C_{12}（万元）	163344.6	165582.6	94574.0	120417.0	110563.0
R&D 经费内部支出 C_{13}（元）	34533.7	39846.1	40256.1	41567.1	40168.0
成功实现创新的企业占企业数的比重 C_{14}	0.2866	0.2929	0.3448	0.3730	0.3093

资料来源：根据表 2-1-1 至表 2-1-8 数据计算得出。

3.2.2　熵值法计算过程

（1）数据标准化处理

对于正向指标：

$$X_{ij}=\frac{X_{ij}-\min\{X_{1j},\ \cdots,\ X_{nj}\}}{\max\{X_{1j},\ \cdots,\ X_{nj}\}\ -\min\{X_{1j},\ \cdots,\ X_{nj}\}}$$

对于负向指标：

$$X_{ij}=\frac{\max\{X_{1j},\ \cdots,\ X_{nj}\}\ -X_{ij}}{\max\{X_{1j},\ \cdots,\ X_{nj}\}\ -\min\{X_{1j},\ \cdots,\ X_{nj}\}}$$

对表 2-3-2 的数据进行标准化处理，可得到表 2-3-3 的标准化矩阵。

表 2-3-3 创新能力评价指标体系标准化矩阵

指标	2017 年	2018 年	2019 年	2020 年	2021 年
C_1	0	0. 4375	1	1	0. 8125
C_2	0	0. 032258065	0. 040322581	0. 10483871	1
C_3	1	0	0. 094057853	0. 121164586	0. 160067767
C_4	0	0. 653996294	0. 71289685	1	0. 934626313
C_5	1	0. 472111467	0. 253672913	0. 228682561	0
C_6	0	0. 516310976	0. 697530488	0. 824176829	1
C_7	0	0. 51	1	0. 58	0. 44
C_8	0	0. 091549296	0. 126760563	0. 457746479	1
C_9	1	0. 218604651	0. 08372093	0	0. 120930233
C_{10}	0. 634922585	0. 932676794	1	0. 656258166	0
C_{11}	1	0. 510695187	0	0. 177005348	0. 086631016
C_{12}	0. 968482691	1	0	0. 363941832	0. 225169909
C_{13}	0	0. 755310376	0. 813603663	1	0. 801077715
C_{14}	0	0. 072600425	0. 674196477	1	0. 262687964

（2）计算第 j 项指标下第 i 个个体的值占该指标的比重 P_{ij}

$$P_{ij}=\frac{X_{ij}}{\sum_{i=1}^{n}X_{ij}},\ i=1,\ \cdots,\ n;\ j=1,\ \cdots,\ m$$

创新能力评价指标个体贡献度见表 2-3-4。

表 2-3-4　创新能力评价指标个体贡献度

指标	2017 年	2018 年	2019 年	2020 年	2021 年
C_1	3.07645×10^{-5}	0.134625442	0.307675742	0.307675742	0.249992309
C_2	8.48955×10^{-5}	0.027470526	0.034316934	0.089088195	0.849039449
C_3	0.726927693	7.26855×10^{-5}	0.068439107	0.088141771	0.116418743
C_4	3.02845×10^{-5}	0.198089776	0.215927513	0.30287526	0.283077167
C_5	0.511568753	0.241544477	0.129809312	0.117026307	5.11518×10^{-5}
C_6	3.29108×10^{-5}	0.169954868	0.229595619	0.271275915	0.329140688
C_7	3.95179×10^{-5}	0.201580715	0.395218336	0.229243233	0.173918198
C_8	5.96461×10^{-5}	0.054665205	0.075667343	0.27308744	0.596520366
C_9	0.702437869	0.153611068	0.058873108	7.02368×10^{-5}	0.085007718
C_{10}	0.196945462	0.289290744	0.310170316	0.203562464	3.10139×10^{-5}
C_{11}	0.563490095	0.287799249	5.63434×10^{-5}	0.099787131	0.048867182
C_{12}	0.378634455	0.390955075	3.90916×10^{-5}	0.142309771	0.088061608
C_{13}	2.96693×10^{-5}	0.224124677	0.241419865	0.296722281	0.237703508
C_{14}	4.97516×10^{-5}	0.036169638	0.33547341	0.497565935	0.130741265

（3）计算第 j 项指标的熵值

$$e_j = -k\sum_{i=1}^{n} P_{ij}\ln(P_{ij}),\ i = 1,\ \cdots,\ n;\ j = 1,\ \cdots,\ m$$

其中，$k=1/\ln(n)>0$，满足 $e_j\geqslant0$。

（4）计算第 j 项指标的差异性系数

$$d_j = 1-e_j,\ j=1,\ \cdots,\ m$$

（5）定义第 j 项指标的权重

$$W_j = \frac{d_j}{\sum_{j=1}^{m} d_j},\ j = 1,\ \cdots,\ m$$

各指标的熵值、差异性系数及权重见表 2-3-5。

表 2-3-5 各指标的熵值、差异性系数及权重

指标	熵值	差异性系数	权重
C_1	0.833936692	0.166063308	0.041687857
C_2	0.353934062	0.646065938	0.162185765
C_3	0.547095584	0.452904416	0.113695282
C_4	0.851865016	0.148134984	0.037187204
C_5	0.747249878	0.252750122	0.063449362
C_6	0.844424337	0.155575663	0.039055082
C_7	0.827627175	0.172372825	0.043271773
C_8	0.632170598	0.367829402	0.092338397
C_9	0.5671742	0.4328258	0.108654828
C_{10}	0.848906	0.151094	0.037930023
C_{11}	0.658439733	0.341560267	0.0857439
C_{12}	0.762206585	0.237793415	0.059694692
C_{13}	0.857834346	0.142165654	0.035688688
C_{14}	0.683642316	0.316357684	0.079417146

（6）计算综合得分

$$s_i = \sum_{j=1}^{m} w_j P_{ij},\ i = 1,\ \cdots,\ n;\ j = 1,\ \cdots,\ m$$

各指标的综合得分见表 2-3-6。

表 2-3-6 各指标的综合得分

指标	2017 年	2018 年	2019 年	2020 年	2021 年
C_1	0.00000128	0.00561225	0.01282634	0.01282634	0.01042164
C_2	0.00001377	0.00445533	0.00556572	0.01444884	0.13770211
C_3	0.08264825	0.00000826	0.00778120	0.01002130	0.01323626
C_4	0.00000113	0.00736640	0.00802974	0.01126308	0.01052685
C_5	0.03245871	0.01532584	0.00823632	0.00742524	0.00000325

续表

指标	2017 年	2018 年	2019 年	2020 年	2021 年
C_6	0.00000129	0.00663760	0.00896688	0.01059470	0.01285462
C_7	0.00000171	0.00872275	0.01710180	0.00991976	0.00752575
C_8	0.00000551	0.00504770	0.00698700	0.02521646	0.05508173
C_9	0.07632327	0.01669058	0.00639685	0.00000763	0.00923650
C_{10}	0.00747015	0.01097280	0.01176477	0.00772113	0.00000118
C_{11}	0.04831584	0.02467703	0.00000483	0.00855614	0.00419006
C_{12}	0.02260247	0.02333794	0.00000233	0.00849514	0.00525681
C_{13}	0.00000106	0.00799872	0.00861596	0.01058963	0.00848333
C_{14}	0.00000395	0.00287249	0.02664234	0.03951527	0.01038310

3.3　创新能力计算结果分析

二级指标的综合评价数据见表 2-3-7。

表 2-3-7　二级指标的综合评价数据

年份	二级指标			创新能力综合得分
	创新投入	创新产出	创新环境	
2017	0.115123138	0.076331769	0.078393461	0.269848368
2018	0.032768086	0.037098638	0.069858982	0.139725706
2019	0.042439323	0.039452522	0.047030231	0.128922076
2020	0.055984812	0.045738552	0.047030231	0.148753595
2021	0.171890112	0.084698599	0.028314474	0.284903185

由表 2-3-7 可知 2017—2021 年青海省现代服务业创新能力综合得分，在此基础上绘制图 2-3-1。

青海省现代服务业创新能力综合得分在 2019 年最低，在 2021 年最高，虽然变化幅度较大，但总体呈上升趋势。但是，综合得分都在 0.5 分以下，说明青海省现代服务业创新能力总体较弱。

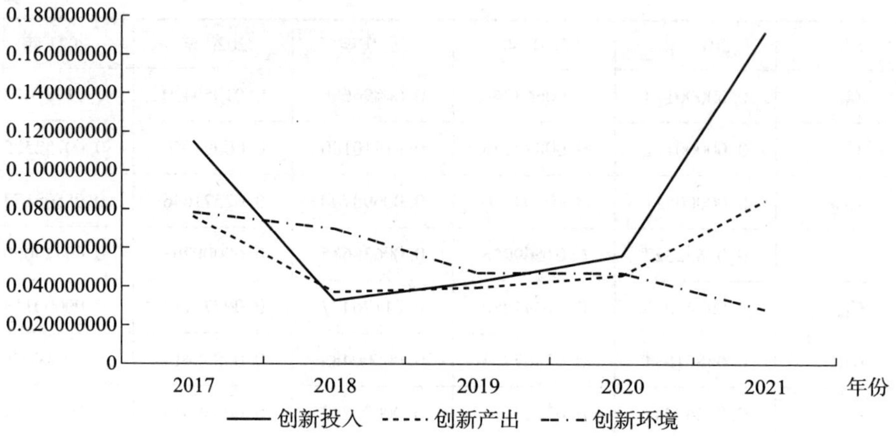

图 2-3-1 二级指标综合得分

从创新投入来看，青海省现代服务业的创新投入得分 2018 年最低，2021 年最高，总体呈上升趋势。由此可知，青海省现代服务业创新投入能力发展势头良好。

从创新产出来看，青海省现代服务业的创新产出得分同样在 2018 年最低，在 2021 年最高，总体也呈上升趋势，但总体评分比创新投入低。由此可知，青海省现代服务业创新投入能力比创新产出能力强。

从创新环境来看，青海省现代服务业的创新环境得分 2021 年最低，2017 年最高，可见青海省现代服务业创新环境在逐年恶化。

第4章 提升青海省现代服务业创新能力的对策建议

4.1 优化市场环境，提升服务质量

20世纪80年代以来，迫于国际竞争趋紧的形势，许多国家调整了政策框架，对服务业的管制有所放松，服务业发展的自由度大大提升。我国政府也通过提供更多的税收优惠和贷款优惠政策、向自主研发产品的企业提供补贴等措施鼓励现代服务业企业进行创新。

4.1.1 搭建政企平台，完善经营机制

为推动企业创新，青海省着力搭建政府与企业间的信息平台。青海省要求各级政府提供有效的指导和支持，激发公众积极性，促进服务模式创新，从而推动现代服务业的高质量发展。在“互联网+”背景下，应搭建政策、服务、市场信息交流平台，引导企业健康发展。青海省现代服务业企业应充分利用文化创意、网络经营、电子商务等多种手段，招募优秀人才，建立健全管理体系，优化资源配置，提升资源使用效率，促使自身发展水平稳步提高。

4.1.2 完善标准体系，推进信息共享

以法律为准绳，完善现代服务业的标准体系和社会信用体系，减少企业之间的经济摩擦，进而推动公共服务的发展。围绕公共服务、公共安全、公共秩序等重点领域，开展专项治理，依法维护消费者权益。提升现代服务业企业“互联网+”技术的运用水平，推进城市公共资源共享，实现各部门、各行业数据互联互通。完善有关法律法规，促进青海省现代服务业健康发展。更好发挥政府作用，通过降低市场参与门槛，有效利用市场机制，实现资源的优化配置，为社会提供更加有效、更加便利的公共服务。

4.1.3 完善价格机制，减少政府定价

通过强化市场的影响力，扩大发展范围，实现双赢。应取消对服务业的行政收费。目前，青海省对服务业收费的项目很多，而且大多是按照提供服务的数量和质量进行计收。实际上，在服务业发展初期，由于服务数量少、服务质量低、服务价格低，而服务业企业又多且分散，没有必要设置收费项目。在取消这些收费项目之后，政府可以把主要精力放在提高服务质量和加强监管上。对服务业实施行政审批制度改革，把过去那些既不符合市场规律也不符合产业发展要求的行政审批事项取消或者转变为备案管理或其他方式。

4.2 加强人才引进工作，培养现代服务业人才

4.2.1 完善人才引进机制，加强人才培育工作

青海省可采用提高人才待遇、项目合作、与本地高校签订定向培养三方协议等多种方式吸引并挽留专业人才，进一步加强现有优秀人才的保护措施，加大对高层次人才创新和创业的支持力度。此外，应加强青海省服务业领域专业技术人员的继续教育。为了满足“全方位覆盖、多元化形式、实际成效”的要求，青海省将持续完善专业技术人员继续教育制度，并且特别关注培训的针对性和有效性。应充分利用省内外高校、科研院所等的卓越教育资源，扩展专业技术人员的继续教育培训方式，使其更有效地参与和推进科技创新和成果转化工作。

4.2.2 加大政府扶持力度，提供良好创新环境

政府、企业和社会应齐心协力，进一步加大对青海省现代服务业的支持力度，使这些企业成为挖掘和运用人才的主力军。随着中国在全球经济中重要性的日益提高，现代服务业在创新和发展中发挥着越来越大的作用。为了促进这些企业的成长和发展，我们应该注重发挥政府、企业和社会三方面的作用。政府部门应制定明确的政策和规划，支持青海省现代服务业的发展，并提供金融、人才和技术等方面的支持。企业和社会也应积极参与并支持现代服务业的发展，为其提供资源并创造良好的创新创业环境。为了更好地推

进现代服务业的发展，青海省应积极搭建合作交流平台，促进国内外知名企业和青海省现代服务企业之间的合作与交流，推动青海省现代服务业向产业化发展。加强交流和合作，不仅可以促进企业的技术升级和产品创新，还可以为企业提供更加广阔的商业机会，增强企业的核心竞争力和可持续发展的能力。

4.2.3　完善人才培养机制，推动校企共建平台

随着我国经济社会的不断发展和现代服务业的兴起，对相关人才的需求逐渐增多。为了更好地适应市场需求，有必要有计划地引导高校和中职院校增设紧缺的现代服务业专业，完善现代服务业人才培养机制。青海省需要引导各地根据经济社会发展对人才的需求，合理设置与现代服务业发展相适应的专业，制定职业院校专业建设规划，优化专业结构。这不仅有助于增加人才的供给，也能更好地满足市场对人才的需求。另外，要努力提升青海省职业院校服务企业发展的能力和水平，创新产教融合办学机制，这也是现代服务业教育的核心任务之一。职业院校应主动与企业联系，了解企业的真实需求，为企业提供适用的人才。产教融合办学是培养现代服务业人才的重要手段之一。校企共建生产性实训基地、企业工程技术研究中心、技术创新中心等新型实习实训平台，不仅能为学生提供实践环境，促进学生动手能力的培养，还能满足企业对人才的专业化需求，提高职业教育与市场的适配度。

4.3　加强新兴信息技术服务，鼓励培育电商服务业

4.3.1　发展网络信息服务，建立安全保障体系

青海省正在努力推进信息化建设，以促进数字经济的发展。一是利用最先进的移动通信技术、互联网，以及卫星导航技术等支持信息化建设。二是努力提供各种基于网络的信息服务，如数字娱乐、媒体、出版、移动支付、位置服务和社交网络。三是利用信息化手段加强对现代服务业的改进和升级，推动数字化、网络化、智能化转型升级。为了更好地保护信息安全，青海省应加快建立一套完善的信息安全保障体系，并采取有效措施

预防和处理信息安全风险。青海省还将通过扶持数字创意产业、引进新型企业和项目等方式，培育数字文化产业，提升文化创意产业的综合实力和影响力，推动文化与数字技术的深度融合，打造全省数字文化创意产业高地。

4.3.2 鼓励企业加强合作，推进产业结构升级

结合对青海省现代服务业的评估，加速发展该产业，并对先进技术进行推广。例如，可以考虑开发电子商务服务，并与其他行业的企业建立合作关系，推动信息技术、交易技术、物流技术、支付技术和融资技术的协同发展。与此同时，引导电子商务企业与现代服务业加强合作，推动产业结构升级。电子商务将促进传统服务业、生活服务等行业的融合发展。此外，应加快大数据服务的发展，鼓励政府、公共事业机构及大型企业利用大数据，提供个性化的产品和服务，实现高质量发展。

4.3.3 鼓励电子平台建设，提升企业运营效率

为了促进电子商务的发展，应鼓励建立第三方电子商务综合服务平台，培育优秀的电子商务企业。同时，推动大型生产企业、商贸企业、物流企业等利用内部信息平台实现采购、仓储、配送等环节的集成，提升企业运营效率。进一步支持软件服务和外包产业的发展，加速网络技术在工商业中的普及和应用。借助互联网的便利，促进企业的在线研发设计、网上营销推广、远程协作，以及远程咨询服务等，提高企业市场竞争力。利用电子商务平台开展商品交易和物流配送，推进商品和服务的在线销售、网上支付，助力企业加速向数字化转型。

参 考 文 献

[1] 邹玉峰．高质量发展背景下企业现代服务业经济增收效应研究[J]．中外企业文化，2023(1)：91-93.

[2] 陈静，蓝天．现代服务业创新型人才供给侧改革对策研究：以德州市为例[J]．现代商业，2022(28)：135-137.

[3] 王岚．服务经济全球化背景下面向现代服务业的人才培养研究述评[J]．中国职业技术教育，2022(3)：84-96.

[4] 郑媛琛，鲍健波．天津市现代服务业发展战略研究：基于供给侧改革的视角[J]．现代商业，2021(18)：100-102.

[5] 陈伊莉．我国现代服务业的产业关联发展分析[J]．中国市场，2021(13)：83-85.

[6] 胡晓鹏．嵌入互联网的现代服务业结构升级研究[J]．企业经济，2020，39(11)：5-12.

[7] 解柠羽．现代服务业发展模式探索与应用[J]．现代经济信息，2019(23)：292-293.

[8] 杨海丽，杨森．服务业创新与产业绿色发展关系的价值前瞻：基于“碳中和”背景的知识图谱量化研究[J]．科技与经济，2022，35(6)：26-30.

[9] 洪群联．推动服务业创新发展的政策建议[J]．开放导报，2021(3)：65-71.

[10] 刘晓英．我国服务业创新方式及其就业创造机制研究[J]．全球科技经济瞭望，2019，34(2)：12-19.

[11] 潘涛，王丽华，郭芳辰．数字经济背景下我国区域创新能力评价：基于科技服务业与先进制造业协同视角[J]．工业技术经济，2022，41(11)：42-47.

[12] 董郁涵，丛海彬，邹德玲．中国知识密集型服务业创新扩散能力评价研究[J]．中国发展，2022，22(1)：22-29.

[13] 张鑫，梁佩云，陈茹茹．区域科技服务业服务创新能力评价：基于

改进的 CRITIC-VIKOR 法[J]. 科技管理研究，2020，40(16)：60-69.

[14] 赵蓓蓓，吴秀云，高媛媛. 新常态下河北省服务业创新能力评价研究[J]. 经贸实践，2016(13)：245-246.

[15] 申静，孟越，杨保珠. 中国高技术服务业服务创新能力评价[J]. 技术经济，2014，33(1)：39-47.

第三篇

玉树州生态畜牧业发展水平评价与对策研究①

① 本篇为国家社科基金项目“三江源地区生态畜牧业高质量发展模式与对策研究”（项目编号：20BMZ159）阶段性研究成果。

2022年中央一号文件提出，需要分领域、因地制宜制定方案推进实现草原畜牧业转型升级，合理利用草地资源，分区域进行畜牧轮牧，科学划定限养区，合理配置草地资源，推动畜牧业发展。只有走生态经济的道路，发展生态畜牧业，才能有效解决传统畜牧业在发展过程中出现的诸如草原过度放牧、土地荒漠化加剧、生物多样性减少、动物福利减少等问题。青海省玉树州作为“中华水塔”、生态高地集中的重点地区，生态地位十分重要。玉树州重要的生态地位与独特的地理环境要求其在发展经济的同时保护生态环境，通过发展生态畜牧业，优化畜牧业发展模式，提高发展质量。

第1章 玉树州生态畜牧业发展现状

脆弱的生态环境与重要的生态地位，决定了玉树州经济发展必须走生态经济的道路。玉树州最大的价值在于生态，建立三江源国家生态保护综合实验区与三江源国家生态公园等措施是积极保护玉树州生态环境的重要举措。发展生态畜牧业不仅是因为生态畜牧业是玉树州的支柱性产业，更是基于玉树州的重要生态地位做出的选择。玉树州必须牢牢树立保护生态环境的理念，做到畜牧业经济与生态环境保护的协调发展，使传统畜牧业向生态畜牧业转变。

1.1 玉树州发展概况

玉树州地处青藏高原腹地，生态环境脆弱，研究其生态畜牧业发展情况对于促进其经济发展具有重要意义。本章以玉树州的生态畜牧业发展情况作为研究对象。

玉树州的传统畜牧业在发展过程中出现了一些问题，如环境污染、草原过度放牧、土地荒漠化加剧、生物多样性减少、动物福利减少等。发展生态畜牧业可以使玉树州在发展经济的同时做到保护生态环境，实现经济发展、社会发展与生态环境的和谐统一。玉树州要发展生态畜牧业，必须转变畜牧业发展前期的传统粗放式经营方式，创新经营管理体制。

1.1.1 玉树州简介

玉树州地处青海省西南部，北与海西州相接，东与果洛州紧邻，东南方向与四川省的甘孜藏族自治州接壤，西南方向与西藏自治区的昌都市、那曲市相邻，西北方向与新疆维吾尔自治区的巴音郭楞蒙古自治州相接，相邻地区数量众多。玉树州总面积为26.7万平方公里，占青海省总面积的37.2%。玉树州天然草场资源丰富，有利于发展生态畜牧业。

玉树州下辖玉树市、治多县、杂多县、曲麻莱县、称多县和囊谦县，共有乡镇45个、村（牧）委会258个、专业合作社206个，平均海拔在4100米以上，年均气温在0 ℃左右，年降水量在439.7毫米左右，生态环境比较脆弱。

玉树州被称为“中华水塔”，生态地位十分重要——我国的长江、黄河、澜沧江都是从玉树州发源的。玉树州的生态环境一旦遭到破坏，对我国生态环境乃至世界生态环境都会产生重大影响。特殊的地理条件和至关重要的生态地位，要求玉树州在发展过程中必须坚持以生态保护为前提。畜牧业不仅是玉树州的基础性产业，还是玉树州发展经济的支柱性产业。玉树州的畜牧产品产量占青海省畜牧产品总产量的25%以上，是青海省主要的畜牧产品基地。玉树州的主要牲畜有牦牛、绵羊、山羊等，主要农作物有枸杞、青稞等。发展好以畜牧业为主的农业对玉树州的发展至关重要。

1.1.2 经济发展概况

玉树州的第一产业在三大产业中占比最高。畜牧业作为玉树州的支柱性产业，其发展水平在很大程度上决定了玉树州的经济发展质量。

从图3-1-1中可以看出，2017—2021年，玉树州地区生产总值呈现先减少再增加的发展趋势，最小值是2018年的53.61亿元，最大值是2021年的71.10亿元。玉树州经济发展水平日益提高，发展势头强劲。2017—2021年，玉树州地区生产总值增长率呈现先降低再升高的波动发展趋势，如图3-1-2所示，最小值是2018年的-16.73%，最大值是2021年的11.84%。总体来说，玉树州经济发展成果显著，处于有序增长态势。

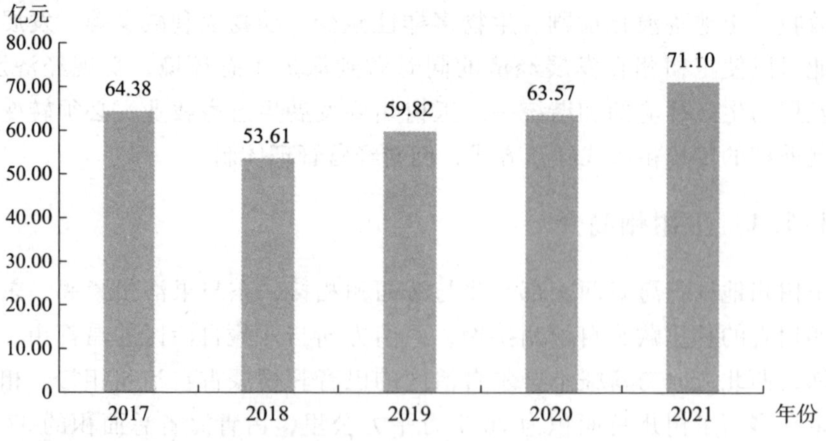

图3-1-1 2017—2021年玉树州地区生产总值

资料来源：《玉树统计年鉴2022》。

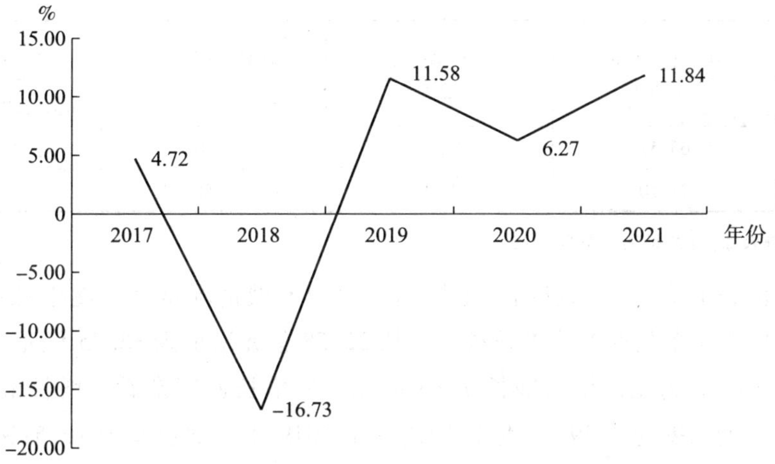

图 3-1-2　2017—2021 年玉树州地区生产总值增长率

资料来源：《玉树统计年鉴 2022》。

从玉树州的产业结构来看，第一产业占比较大且较为稳定，这也直接体现出以畜牧业为主的第一产业在玉树州的重要地位。

从表 3-1-1 中可以看出，2017—2021 年玉树州第一产业中的农业发展势头较好，总产值由 2017 年的 31. 98 亿元增加到 2021 年的 48. 21 亿元，农业总产值占地区生产总值的比重也由 2017 年的 49. 67%增加到 2021 年的 67. 81%。从农业总产值的增长率来看，在 2017—2020 年，由 6. 25%增加到 14. 14%，2021 年增长速度虽然有所下降，但也增长了 6. 68%，增长势头良好，这也直接表明玉树州的农业经济保持稳定增长。玉树州地区生产总值中占比最大的是农业，而农业总产值中占比最大的是畜牧业，达到了 76. 23%，说明玉树州经济发展离不开农业，尤其是畜牧业的发展。畜牧业不仅是玉树州的基础产业，更是支柱性产业，需要高度重视，并采取积极措施予以保护。

表 3-1-1　2017—2021 年玉树州农业总产值占地区生产总值的比重

年份	地区生产总值（亿元）	农业总产值（亿元）	农业总产值增长率（%）	农业总产值占地区生产总值的比重（%）
2017	64. 38	31. 98	6. 25	49. 67
2018	53. 61	35. 17	9. 97	65. 60
2019	59. 82	39. 59	12. 57	66. 18

续表

年份	地区生产总值（亿元）	农业总产值（亿元）	农业总产值增长率（%）	农业总产值占地区生产总值的比重（%）
2020	63.57	45.19	14.14	71.08
2021	71.10	48.21	6.68	67.81

资料来源：《玉树统计年鉴2022》。

从表3-1-2中可以看出，玉树州畜牧业发展情况良好，逐年稳定增长。2017—2021年畜牧业产值增长较快，从22.58亿元增加到36.75亿元，5年间增长了14.17亿元，年均增长2.83亿元。从增长速度来看，增长最慢的是2021年，增长率为4.79%，增长最快的是2019年，增长率为16.51%，说明2019年玉树州畜牧业发展势头尤其好。但是，从玉树州畜牧业产值占青海省畜牧业产值的比重来看，2017—2021年始终保持在12%左右，虽有波动，但大致平稳，比重最小值为2020年的11.88%，比重最大值为2017年的12.34%，波动幅度较小。从2021年的比重来看，增长明显，这也间接表明玉树州畜牧业出现了发展良机。玉树州需继续保持创新发展理念，积极保护当地生态环境，充分发挥生态高地作用。

表3-1-2 2017—2021年玉树州畜牧业产值占青海省畜牧业产值的比重

年份	玉树州畜牧业产值（亿元）	青海省畜牧业产值（亿元）	玉树州畜牧业产值占青海省畜牧业产值的比重（%）
2017	22.58	182.98	12.34
2018	25.87	215.98	11.98
2019	30.14	250.81	12.02
2020	35.07	295.12	11.88
2021	36.75	298.57	12.31

资料来源：《玉树统计年鉴2022》与《青海统计年鉴2022》。

1.2 玉树州生态畜牧业发展总况

1.2.1 生态畜牧业产品生产能力

在发展生态畜牧业时，需要高度重视生产能力尤其是畜牧产品的养殖水平，时刻调整产业结构，以适应瞬息万变的市场形势，更好发展生态畜牧业。发展玉树州生态畜牧业，需要全州范围内所有牧户和合作社等经营主体的共同努力，玉树州的 5 县 1 市共同组成了玉树州畜牧业发展大市场。2021 年，玉树州牲畜存栏量为 786.52 万个牛羊马单位，其中，数量最多的是牛，为 731.77 万个牛单位，其次是羊，为 43.51 万个羊单位，最少的是马，为 11.24 万个马单位。整理相关数据可得到表 3-1-3。从表 3-1-3 中可以看出，在玉树州生态畜牧业发展过程中，饲养牛数量最多的是玉树市，为 161.23 万个牛单位，占比最大，为 22.03%，饲养牛数量最少的是曲麻莱县，也有 97.76 万个牛单位，占全州牛数量的 13.36%。从羊的数量来看，存栏数量最多的是曲麻莱县，为 12.61 万个羊单位，占全州羊存栏数量的 28.98%，其次是治多县，为 11.25 万个羊单位，占全州羊存栏数量的 25.86%。据此可以得出结论，在玉树州发展生态畜牧业的过程中，需要重点扶持玉树市的养牛产业与曲麻莱县、治多县的养羊产业。

表 3-1-3　2021 年玉树州生态畜牧业牲畜数量

地区	牛		羊		马	
	数量（万个牛单位）	占比（%）	数量（万个羊单位）	占比（%）	数量（万个马单位）	占比（%）
玉树州	731.77		43.51		11.24	
玉树市	161.23	22.03	3.82	8.78	3.25	28.91
杂多县	121.24	16.57	5.48	12.59	1.32	11.74
称多县	136.13	18.60	4.63	10.64	1.44	12.81
治多县	113.06	15.45	11.25	25.86	2.05	18.24
囊谦县	102.35	13.99	5.71	13.12	2.35	20.91
曲麻莱县	97.76	13.36	12.61	28.98	0.83	7.38

资料来源：根据《玉树统计年鉴 2022》整理。

1.2.2　生态畜牧业产品产量

在生态畜牧业发展过程中，主要生产的畜牧产品为肉类、奶类及毛绒类。肉类、奶类及毛绒类产品产量作为核算与评价畜牧业产品产量的关键指标，能充分说明生态畜牧业发展过程中存在的畜牧产品及产量问题。2021 年，玉树州一共生产了牛肉 30395 吨，羊肉 1850 吨，奶制产品 30377 吨，羊毛 254

吨（其中，绵羊羊毛 253 吨、山羊羊毛 1 吨）。通过数据整理与分析得到表 3-1-4。从表 3-1-4 中可以看出，奶类产品产量最多的是玉树市，为 7913 吨，占玉树州奶类产品总量的 26.08%；肉类产品产量最多的是囊谦县，为 8479 吨，在全州肉类产品中占比 26.30%；治多县的羊毛产量最多，达到 81 吨，占全州羊毛产量的 31.89%。在奶类、肉类、毛绒类畜牧产品生产领域，玉树州各县市生产能力不同，需充分发挥各区域自身优势，进一步巩固并发展好区域内的优势畜牧产业。

表 3-1-4 2021 年玉树州生态畜牧业产品产量

地区	奶类		肉类		羊毛	
	产量（吨）	占比（%）	产量（吨）	占比（%）	产量（吨）	占比（%）
玉树州	30377		32245		254	
玉树市	7913	26.08	7221	22.39	37	14.57
杂多县	4151	13.68	4599	14.26	43	16.93
称多县	4253	14.02	3305	10.25	32	12.60
治多县	4128	13.61	3876	12.02	81	31.89
囊谦县	5970	19.68	8479	26.30	26	10.24
曲麻莱县	3962	12.94	4765	14.78	35	13.78

资料来源：《玉树统计年鉴 2022》。

1.2.3 生态畜牧业产值

玉树州各行政区域积极利用国家和地区优惠政策，发展符合自身特点的畜牧业，生产具有地区特色的畜牧产品，采取措施提高生态畜牧业发展水平与发展质量。2021 年，玉树州农业总产值为 482047 万元，其中，生态畜牧业产值最高，为 367466 万元，占农业总产值的 76.23%，这也直接反映出生态畜牧业在玉树州经济发展中的重要地位。生态畜牧业作为玉树州经济发展的基础性产业和支柱性产业，一方面能直接提高当地农牧民的收入水平、改善他们的生活条件，另一方面能直接促进玉树州经济发展并维护其社会稳定。由表 3-1-5 可知，玉树州农业总产值最高的是玉树市，为 99679 万元，占玉树州农业总产值的 20.68%，最低的是治多县，为 62752 万元，占玉树州农业总产值的 13.02%。从生态畜牧业产值来看，最高的是杂多县，为 72449 万元，占玉树州生态畜牧业产值的 19.72%，最少的是治多县，为 48211 万元，占玉树州生态畜牧业产值的 13.12%。玉树州各县市生态畜牧业产值占农业总产值的比重都高于 65%，最高为曲麻莱县的 81.08%，最低为玉树市的 65.70%，这充分表明生态畜牧业是玉树州各县市的支柱性产业。

表 3-1-5　2021 年玉树州生态畜牧业产值

地区	农业		生态畜牧业		生态畜牧业产值占农业总产值的比重（%）
	总产值（万元）	比重（%）	产值（万元）	比重（%）	
玉树州	482047		367466		76.23
玉树市	99679	20.68	65493	17.82	65.70
杂多县	89832	18.64	72449	19.72	80.65
称多县	75958	15.76	58702	15.97	77.28
治多县	62752	13.02	48211	13.12	76.83
囊谦县	72598	15.06	56751	15.44	78.17
曲麻莱县	81228	16.85	65860	17.92	81.08

资料来源：《玉树统计年鉴 2022》。

1.3　玉树州生态畜牧业发展成果

1.3.1　生态畜牧业稳定增长

随着经济发展大环境的持续优化，玉树州的生态畜牧业在 2017—2021 年持续稳定发展。从图 3-1-3 中可以看出，玉树州的生态畜牧业发展势头良好，表现为产值的持续稳定增长：由 2017 年的 22.58 亿元增加到 2021 年的 36.75 亿元，增长率为 62.75%；2020—2021 年的增长较慢，2017—2020 年的增长较快。从生态畜牧业产值占地区生产总值的比重（如图 3-1-4 所示）来看，玉树州生态畜牧业产值占地区生产总值的比重从 2017 年的 35.07%增长到 2020 年的 55.17%，虽然 2021 年有所下降，但总体增长势头良好。2019—2021 年，玉树州生态畜牧业产值占地区生产总值的比重都超过了 50%，最大值为 2020 年的 55.17%，最小值为 2019 年的 50.38%。由此可见，玉树州的生态畜牧业发展趋势良好，生态畜牧业对于玉树州的经济发展起着重要的推动作用。

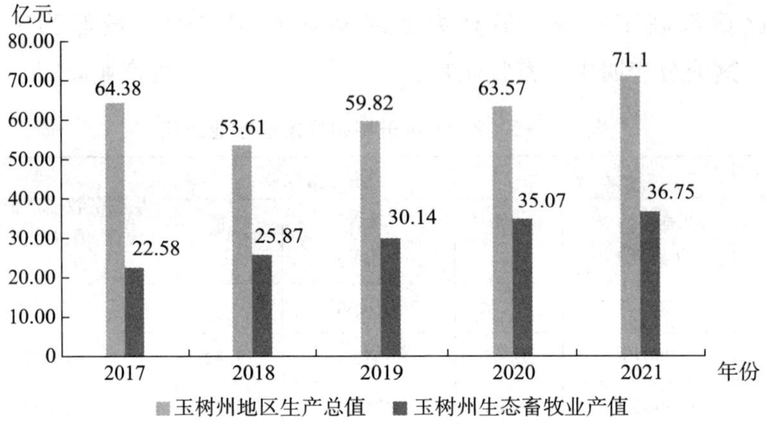

图 3-1-3 2017—2021 年玉树州生态畜牧业产值与地区生产总值

资料来源：《玉树统计年鉴 2022》。

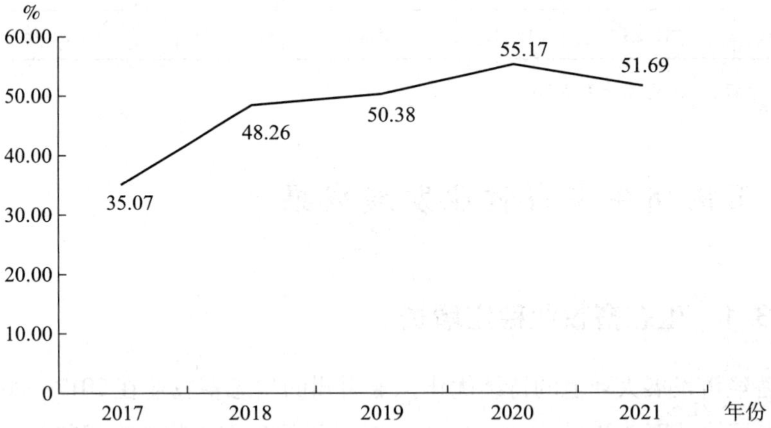

图 3-1-4 2017—2021 年玉树州生态畜牧业产值占地区生产总值的比重

资料来源：《玉树统计年鉴 2022》。

1.3.2 农业劳动力资源丰富

由表 3-1-6 可知，2017—2021 年，玉树州的户籍人口稳定增长，由 40.96 万人增长到 41.76 万人，为玉树州畜牧业发展提供了充足的劳动力。2017—2021 年，玉树州户籍人口增加了 0.8 万人，增长率为 1.95%。2021 年，玉树州的乡村劳动力数量达到 22.92 万人，与 2017 年相比，增加了 1.22

万人，农林牧渔从业人员为 18.02 万人，占乡村劳动力数量的 78.62%。以上数据表明，玉树州的农业劳动力资源相对丰富，能为发展生态畜牧业提供充足的劳动力，这也直接表明发展生态畜牧业对于玉树州发展经济、协调经济发展与生态保护的关系、解决农村劳动力就业问题等发挥着重要作用。乡村劳动力的数量在很大程度上决定了生态畜牧业的发展模式。在重视劳动力数量的同时，也要关注劳动力的素质与技能。劳动力的素质与技能直接决定了相关技术和政策的实施情况，从而会在很大程度上影响生态畜牧业的发展质量。

表 3-1-6　2017—2021 年玉树州农业劳动力数量

年份	户籍人口（万人）	乡村劳动力数量（万人）	乡村从业人员数量（万人）	农林牧渔从业人员数量（万人）	农林牧渔从业人员占乡村劳动力的比重（%）
2017	40.96	21.70	17.91	16.69	76.91
2018	41.44	22.19	17.72	16.68	75.17
2019	41.54	22.66	18.13	17.29	76.30
2020	41.68	22.87	18.42	17.62	77.04
2021	41.76	22.92	19.27	18.02	78.62

资料来源：《玉树统计年鉴 2022》。

1.3.3　草场载畜量逐渐合理

载畜量是衡量草场生产能力的指标，能够直接证明草场对牲畜的承受能力。2017—2021 年玉树州草场牲畜数量变化如图 3-1-5 所示。

从图 3-1-5 中可以看出，2017—2021 年，玉树州牲畜数量呈现下降趋势，由 1041.40 万个牛单位下降到 731.77 万个牛单位。羊的养殖和牛的养殖发展趋势一致，都是逐渐下降的。要发展生态畜牧业，必须学会合理使用和分配资源，进行产业结构调整与优化，同时要进行管理创新。控制牲畜数量主要是为了将粗放的传统经营模式转变为集约高效的经营模式，将以量取胜战略转变为以质取胜战略。合理使用草场资源，保护生态环境，控制草场上养殖的牲畜数量也符合高质量发展、绿色发展的理念，在一定程度上能促进玉树州生态畜牧业发展。

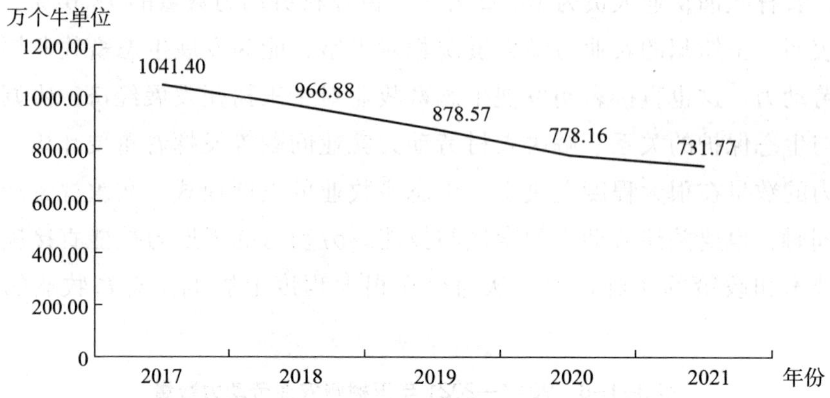

图 3-1-5 2017—2021 年玉树州草场牲畜数量变化

资料来源：《玉树统计年鉴 2022》。

1.3.4 畜牧产品产量与牲畜数量发展协调

畜牧产品产量即农牧民与其他经营主体通过饲养或放牧牲畜、家禽得到的产品的产量。2017—2021 年玉树州主要畜牧产品产量见表 3-1-7。

表 3-1-7 2017—2021 年玉树州主要畜牧产品产量 单位：吨

年份	奶类产品	肉类产品	羊毛产品
2017	46336	46897	877
2018	36565	35906	144
2019	38019	35773	360
2020	23983	31103	436
2021	30337	32245	254

资料来源：《玉树统计年鉴 2022》。

2017—2021 年，玉树州主要畜牧产品产量与主要牲畜数量发展趋势大体一致，总体都表现出了下降趋势。从表 3-1-7 中可以看出，奶类产品产量最高的是 2017 年，为 46336 吨，最低的是 2020 年，为 23983 吨，与 2017 年相比下降了 48.24%，2021 年有了明显回升，增长了 26.49%，下降幅度最大的是 2020 年，比上年下降了 14036 吨，下降了 36.92%。肉类产品产量从 2017 年的 46897 吨下降到 2021 年的 32245 吨，下降了 31.24%，其中，下降幅度最大的是2018年，从上年的46897吨下降到35906吨，下降了23.44%。羊毛产量呈现下降与上升交替出现的波动发展态势，从2017年的877吨发展到2021年的254吨，下降了71.04%，下降速度最快的是2018年，降幅达到83.58%。总体来看，玉树州畜牧产品产量与牲畜数量都处于下降态势，牲畜养殖数量与畜牧产品发展相协调，有利于提高玉树州生态畜牧业发展质量。

1.4　玉树州在发展生态畜牧业过程中存在的问题

1.4.1　市场竞争力弱

玉树州的特殊地理位置和生态条件，使其生态畜牧业发展处于较低水平，畜牧产品加工处于初级加工阶段，发展模式为粗放型。玉树州大多数畜牧产品只是进行了简单的初级加工，没有形成完善的具有自身特色的畜牧产品加工模式，加工出来的畜牧产品也无法满足复杂多样的大众需求，没有形成自己独特的竞争力，在与其他地区同类型畜牧产品相比时没有竞争优势，容易被其他地区的同类产品替代。出现上述情形的主要原因是玉树州缺少畜牧产品加工方面的大型龙头企业。玉树州大型畜牧产品加工企业数量很少，不到10家，其中最出名的是西北骄，其余大部分加工工厂以合作社形式存在。玉树州的畜牧产品加工产业链较短，生产方式落后，导致其畜牧产品在市场上多以原始状态出现，精细加工率较低，很少有高端产品，不利于生态畜牧业产业链的延伸与细化，也限制了畜牧产品附加值的提高。

1.4.2　规模化经营不够

玉树州发展生态畜牧业的方式主要是相对粗放的放牧方式和靠天放牧的自然状态，相对较为落后。长期粗放的放牧不利于生态畜牧业的发展。玉树州海拔较高，空气稀薄，气候寒冷，生态环境脆弱且比较复杂，经营管理模式简单粗放，经营理念落后，因此，生态畜牧业以传统的放牧经营模式为主，加上整体经济发展水平较低，经济基础较差，当地农牧民缺乏对市场的准确判断，做出的市场参与行为也相对滞后。随着市场经济体制的不断完善，规模化集约经营带来的好处日益明显。由于采取粗放的经营模式，玉树州应对激烈市场竞争的能力较弱，在发展生态畜牧业时需采取积极措施改变困境。

1.4.3 高端型人才缺乏

近几年，玉树州生态畜牧业发展稳定且增长较快，市场前景较好，对农村劳动力的需求不断增加。玉树州乡村从业人员数量从 2017 年的 17.91 万人增长到2021 年的 19.27 万人，但是其中受教育程度在初中及以上的仅占29%，造成当地牧区开展劳动力培训工作比较困难，养殖牲畜方面的新信息和新技术难以有效推广。政府要更好促进生态畜牧业发展，需要加大劳动力培训方面的投入力度，如定期举办一些畜牧业方面的知识讲座或开设专业课程，提高劳动力的技能与接受新事物的能力。

1.4.4 科技服务体系尚不完善

玉树州在牦牛与绵羊饲养管理、防疫、选种配种、本土品种选育及人工授精等方面的技术水平比较低，还没有完全掌握相关技术，也无法充分发挥青海省的技术优势，即没有很好地利用青海省高校、科研机构、农牧行业高新技术企业的力量。玉树州应着力建立一套完善的科技服务体系，为其生态畜牧业稳定健康发展保驾护航。

1.4.5 合作社内生发展动力欠缺

玉树州生态畜牧业专业合作社共 206 个，其中大多数需要政府扶持才能正常运转，内生发展动力严重不足。一方面，玉树州在开设专业合作社方面限制比较少，门槛比较低。合作社注册资本为 100 万～500 万元的有 83 个，注册资本为 500 万元及以上的有 11 个，大多数合作社缺乏足够的发展资金，难以正常运转。另一方面，政府宏观调控太多，限制了合作社自我发展的能力。政府需要适度放宽限制，使合作社充分释放活力。目前，玉树州的合作社主要依靠政府专项资金等的支持，虽然部分规模较大、实力较强的合作社已经参与生态畜牧业产品加工过程，但是合作社与相关企业之间缺乏有效沟通与深度合作，不能充分利用已有的优势资源。

第2章 玉树州生态畜牧业发展的SWOT分析

任何事物的发展都离不开内部条件与外部条件的相互配合。SWOT 分析主要包括优势、劣势、机遇和挑战四个方面；其中，优势与劣势是内部条件，机遇与挑战是外部条件。本章对玉树州生态畜牧业发展进行 SWOT 分析。

2.1 优势

2.1.1 气候条件

玉树州海拔高、气温低，是典型的高原高山气候，与其他西北内陆地区相比气候湿润，十分适宜高原牧草的生长，青海牧场更是我国四大牧场之一。广阔的天然草场，加上分布广泛的优质牧场，有利于玉树州发展生态畜牧业。气候条件和地广人稀的状态为生态畜牧业发展提供了便利的天然条件。优质牧场与优质水源促使玉树州能够生产出优质的畜牧产品。

2.1.2 国家战略支持

“西部大开发”战略是我国政府在区域产业布局、经济发展地理规划等方面做出的重大调整。我国东部地区经济发展水平较高、经济发展能力较强，将东部、中部的资金优势和技术优势与西部的人力优势和资源优势统一起来，有助于带动西部地区经济发展，实现各地区经济的协调发展。

对玉树州来说，交通和水利设施建设都是薄弱环节。玉树州可以借助西部大开发政策来改善基础设施条件。在交通方面，就是要提高道路建设完备程度，以便牧区的畜牧产品能够较好地往外运输，将资源优势转变为农牧民的经济收入；在水利设施建设方面，需在适合农牧民居住和放牧的地区打上合理数量的水井，解决牧民和牲畜的饮水问题。这些措施能切实促进玉树州生态畜牧业的发展。

2.2 劣势

2.2.1 生态环境脆弱

玉树州地处青海省西南部、青藏高原腹地，是重要的生态高地，生态环境脆弱但生态地位极其重要。发展生态畜牧业离不开放牧牲畜，生态环境脆弱直接决定了草场上的牲畜数量必须处于一个合理的范围，不能过度放牧，否则极易造成草场退化从而破坏生态环境。发展当地生态畜牧业需要兼顾其重要的生态地位，实现经济发展与生态保护的统一，不能走先破坏后治理的传统发展道路。

2.2.2 基础设施不完善

基础设施对经济发展至关重要，基础设施建设水平决定了地区的经济发展实力和发展潜力。青海作为经济欠发达的西北内陆省份，需要抓住机遇发展经济，做好基础设施建设，努力提高经济发展的保障力量。基础设施中对经济发展最重要的部分就是交通。青海地处西部高原，地形崎岖，不利于交通干线的建设。青海省内只有寥寥数条铁路、公路，难以满足日益增长的经济发展带来的巨大产品运输需求。青海省要发展经济，就必须加大交通基础设施方面的投入力度。

玉树州快速交通道路比较缺乏，牧区交通道路条件较差，多为砂石铺成的简易道路，遇到雨雪等恶劣天气，道路泥泞，影响交通，尤其是畜牧产品的运出与人员进入。做好交通基础设施建设对于发展生态畜牧业至关重要。农牧民和其他经营主体要想将产品优势转化为经济收入，就必须将产品投入市场，这当然离不开交通方面的支持。

2.3　机遇

2.3.1　畜牧产品市场前景良好

改革开放以来，我国在经济方面取得了显著成绩，国家综合实力日益增强，人民收入水平比以前有了很大程度的提高，人们不再局限于满足温饱等基本生存需求。从以前的追求温饱到追求吃好再到现在追求营养搭配，人们对食物的消费理念在逐渐发生变化，相比之前人们消费的动植物性食物，畜牧产品有着自己独特的优势。牛羊肉营养丰富，加之其中主要是瘦肉，能更好地满足现代人的饮食需求。奶制品在人们的饮食中也变得越来越重要，牛奶、羊奶等不仅能提供人们日常所需营养，还能为人们提供更多的钙类矿物质，有助于青少年身体发育，越来越受到青少年消费者的喜爱。总的来说，在当今社会，畜牧产品的消费需求日益增加，市场发展前景越来越好。

2.3.2　国家政策扶持

党的十九大报告提出了我国当前农村地区经济社会发展的重大战略，即乡村振兴战略，其基本内涵包括：产业兴旺、生态宜居、乡风文明、治理有效、生活富裕。产业兴旺是乡村振兴战略的主要支撑，发展乡村产业不仅可以促进经济发展，还可以带动就业，提高人民收入，维护社会稳定。产业发展的好坏直接体现了一个地区的经济发展动力与发展潜力。生态畜牧业是农村农业发展的重要内容，发展好玉树州的生态畜牧业不仅能体现乡村振兴战略的落实落地，更是发展当地经济和提高人民收入的现实举措。玉树州的大部分牲畜在草场外养殖，发展生态畜牧业不仅能直接增加当地农牧民收入，还能为其直接提供就业机会，在维护当地民族团结和社会稳定方面发挥着重要作用。乡村振兴战略的提出，为玉树州经济发展提供了更多机遇，国家相关政策的扶持和倾斜，将助力玉树州生态畜牧业在高质量发展的道路上更加稳健地前行。

2.4 挑战

2.4.1 经济发展与生态环境保护必须协调

随着可持续发展理念与绿色发展、文明发展理念的提出，以前消耗资源、破坏环境的简单粗放的经营模式已不再适应经济社会的发展。玉树州作为三江源地区的重要组成部分，肩负生态保护和维护社会稳定的责任，应通过市场活动将自身优势资源转化为经济发展成果，不能走粗放经营、先污染后治理的道路。玉树州要始终将保护当地生态环境、预防环境污染与破坏作为开展各项工作的必要前提。生态畜牧业对自然生态环境较为依赖，牲畜放牧、草料供给、粪便排放等或多或少会影响当地的生态环境。玉树州要做的最重要的一项工作就是合理控制草场上放牧的牲畜数量以及污染物排放，实现生态畜牧业发展与生态环境保护的协调。

2.4.2 经济发展数量与质量必须统一

与传统发展相比，高质量发展不仅将发展数量和发展速度作为评价发展水平的标准，还增加了高效率、高质量、高稳定性等新的评价标准。以前，我国很多牧场过度追求放牧牲畜数量和牲畜产品数量，没有考虑到草场的承载能力，很多地区出现了生态环境恶化、草场退化、土地沙化等严重问题。随着高质量发展理念的提出，人们对发展质量有了新的认识，也认识到了保护环境的重要性。要发展生态畜牧业，必须转变发展方式与经营管理模式，进行规模化养殖，以获得规模效应。在发展生态畜牧业的同时，也要积极保护生态环境，合理控制草场上放牧的牲畜数量，要把过度追求畜牧产品数量转变为追求畜牧产品质量与生态环境保护的协调，将传统的以数量取胜战略转变为现代的以质量取胜战略。

2.5 结论

在综合分析玉树州生态畜牧业发展的相关情况以后，可得出以下结论：

玉树州的特殊地理位置与气候条件，加上地广人稀、有大面积天然草场，十分有利于发展生态畜牧业；国家有关政策在很大程度上刺激了玉树州在发展生态畜牧业方面的热情；人们喜欢食用奶制品、牛羊肉的习惯，为玉树州的畜牧产品提供了市场。总之，玉树州在发展生态畜牧业方面不仅具有自然优势，还具有人为优势，应在国家有关战略与政策的扶持下，充分发挥自身优势，促进生态畜牧业高质量发展。

第3章 玉树州生态畜牧业发展水平综合评价

发展生态畜牧业符合玉树州实际，也是玉树州畜牧业发展的必然选择。本章构建了玉树州生态畜牧业发展水平评价指标体系，采用熵值法与综合分析法对玉树州生态畜牧业发展水平进行评价，并基于此对其未来发展提出对策建议。

3.1 构建评价指标体系

3.1.1 构建评价指标体系的原则

构建生态畜牧业发展水平评价指标体系需要把定性分析与定量分析结合起来进行综合考虑，应坚持以下五个原则。

（1）以符合生态经济发展为指导原则

应始终以发展生态畜牧业为目标，将评价指标体系与目标有效衔接起来，体现研究价值，切实促进玉树州生态畜牧业发展。

（2）科学性原则

构建评价指标体系必须在科学研究的基础上，选取的指标要能反映玉树州生态畜牧业发展水平。数据指标的数据来源必须合理，必须有科学依据，不能随意选择，以确保具有适用性及实用价值，能有效反映玉树州生态畜牧业发展水平。

（3）系统性原则

生态畜牧业的发展主要体现在社会、经济、生态三个方面，只有这三者有效协调起来，才能促进生态畜牧业的发展。因此，需要综合考虑生态畜牧业发展过程中不同系统、不同层次、不同要素、不同范围之间的相互关系，将生态畜牧业发展水平评价分为三个方面：关于社会方面的发展评价、关于经济方面的发展评价，以及关于生态环境方面的发展评价。系统地选择数据指标，能使研究结果更具参考性。

（4）全面性原则

构建评价指标体系，应坚持全面发展的理念，全方位、多层次、宽领域地反映玉树州生态畜牧业发展水平。本章的指标体系主要包括社会发展评价系统、经济发展评价系统、资源与生态环境评价系统三个层面，对这三个层面的指标进行相关数据分析，能够综合反映玉树州生态畜牧业总体发展情况，实现研究目标，达到研究效果。

（5）动态性原则

任何事物的发展都是动态变化的过程，生态畜牧业的发展也是如此，不能一味地追求稳定而不思发展。要想实现玉树州生态畜牧业更高水平的发展，在构建评价指标体系时，就要充分考虑生态畜牧业的发展趋势及动态性，动态地选择样本数据，力求最大限度地反映玉树州生态畜牧业发展状况以及发展过程中存在的问题。当然，也只有充分了解了相关情况，才能对未来玉树州生态畜牧业的发展提出具体的建议。

3.1.2　评价指标的选取

发展生态畜牧业是为克服传统畜牧业发展过程中存在的问题而做出的必然选择，也是畜牧业发展的必然趋势，是符合玉树州实际的最佳发展道路。玉树州的生态畜牧业发展水平评价指标体系主要由社会发展评价系统、经济发展评价系统、资源与生态环境评价系统构成。

本章在对玉树州生态畜牧业发展现状与发展过程中存在的问题进行分析的基础上，结合科学性、系统性、全面性、动态性等原则，同时考虑数据的可获得性与真实性，构建了玉树州生态畜牧业发展水平评价指标体系。从表 3-3-1中可以看出，评价指标体系由三级构成，第一级是目标层，即玉树州生态畜牧业发展水平评价指标体系；第二级是准则层，包括三个评价系统，即社会发展评价系统、经济发展评价系统、资源与生态环境评价系统；第三级是指标层，包括 24 个指标。

表 3-3-1 玉树州生态畜牧业发展水平评价指标体系

目标层	准则层	指标层	单位	指标属性
玉树州生态畜牧业发展水平评价指标体系	社会发展评价系统	农村人口数占总人口的比重 X_1	%	负向
		乡村从业人员比重 X_2	%	负向
		农村恩格尔系数 X_3	%	负向
		农牧民人均可支配收入 X_4	元	正向
		城乡收入比 X_5（农村=1）		负向
		城乡消费比 X_6（农村=1）		负向
		农村用电量 X_7	万千瓦时	正向
		互联网宽带接入用户 X_8	户	正向
	经济发展评价系统	人均畜牧业产值 X_9	元	正向
		农业总产值占地区生产总值的比重 X_{10}	%	正向
		畜牧业产值占农业总产值的比重 X_{11}	%	正向
		畜产品商品率 X_{12}	%	正向
		牲畜出栏率 X_{13}	%	正向
		牲畜存栏数量 X_{14}	万个牛单位	正向
		肉类产品产量 X_{15}	万吨	正向
		农机总动力 X_{16}	万千瓦	正向
		饲草种植面积 X_{17}	万亩	正向
		相关产业收入 X_{18}	亿元	正向
	资源与生态环境评价系统	草场面积 X_{19}	万亩	正向
		森林覆盖率 X_{20}	%	正向
		人均耕地面积 X_{21}	公顷	正向
		农业用水 X_{22}	万立方米	负向
		化肥施用量 X_{23}	吨	负向
		农药施用量 X_{24}	千克	负向

3.2 评价方法与数据来源

3.2.1 评价方法

本书采取的评价方法主要是熵值法、综合分析法、障碍度模型。首先，通过熵值法计算出评价指标体系中各指标所占权重；其次，采用综合分析法计算指标的综合发展指数与各准则层指标的数值，对玉树州的生态畜牧业发展水平进行评价；最后，通过障碍度模型分析玉树州生态畜牧业发展的影响因素，并对玉树州生态畜牧业持续健康发展提出对策建议。

熵值法主要用于确定各指标在整个指标体系中所占的权重，有助于克服数据的不确定性。可通过赋权的方式体现某个评价指标在评价指标体系中所占权重的大小，权重越大，指标对研究对象的影响越大。在信息收集与处理过程中，熵值被用于度量选取的数据是否有效、整个系统是否稳定；在数据计算与整理的过程中，指标的熵值与呈现出的差异性具有反比例关系。如果计算过程中出现某些评价指标的值相同的情况，计算出的熵值也是最大的，就表明指标选取失败，则研究没有意义。为了体现数据指标的价值，需要把值相同的数据指标删除掉，再继续进行研究。

3.2.2　数据来源

本章采用的数据主要来源于相关年份的《玉树统计年鉴》《玉树州国民经济和社会发展统计公报》，以及《青海统计年鉴》。

3.3　标准化处理数据与确定指标权重

在收集了相关数据指标的原始数据后，考虑到数据的单位不同，以及指标之间存在正向关系或负向关系，计算出来的结果可能出现误差，不利于体现数据统计及计算过程的科学性和合理性。为了避免这种不利局面，需要在数据计算之前采用离差标准化的方法对收集到的数据进行标准化处理。

第一，对数据进行标准化处理。

正向指标的标准化处理：$$Y_{ij}=\frac{X_{ij}-X_{j\min}}{X_{j\max}-X_{j\min}} \tag{3-1}$$

负向指标的标准化处理：$$Y_{ij}=\frac{X_{j\max}-X_{ij}}{X_{j\max}-X_{j\min}} \tag{3-2}$$

其中，Y_{ij}代表标准化处理之后的数据；X_{ij}代表收集的原始数据；i 代表研究期间的某一年（$0 \leqslant i \leqslant m$，$m$ 为样本容量，下同）；j 代表某项具体研究指标

$(0\leqslant j\leqslant m)$；$X_{j\max}$ 代表某个指标数据的最大值；$X_{j\min}$ 代表某个指标数据的最小值。

第二，求出各项指标的权重，公式为

$$P_{ij}=\frac{Y_{ij}}{\sum_{i=1}^{m}Y_{ij}} \tag{3-3}$$

第三，求出第 j 个指标的熵值，公式为

$$H_j=-H\sum_{i=1}^{m}P_{ij}\ln P_{ij}\left(H=\frac{1}{\ln m}\right) \tag{3-4}$$

第四，求出指标的变异程度，公式为

$$V_j=1-H_j \tag{3-5}$$

第五，求出指标的总权重，公式为

$$W_j=\frac{V_j}{\sum_{j=1}^{n}V_j} \tag{3-6}$$

3.4 评价分析

首先，通过前文的一系列公式计算出玉树州生态畜牧业发展水平评价指标的权重，见表 3-3-2；其次，采用综合分析法求出 2017—2021 年的综合评价指数；最后，对计算出的综合评价指数进行分析与评价。

表 3-3-2 玉树州生态畜牧业发展评价指标权重

准则层	权重（W_j）	指标层	权重（W_j）	指标属性
社会发展评价系统	0.29415	农村人口数占总人口的比重 X_1	0.05082	负向
		乡村从业人员比重 X_2	0.03414	负向
		农村恩格尔系数 X_3	0.02862	负向
		农牧民人均可支配收入 X_4	0.03431	正向
		城乡收入比 X_5	0.04818	负向
		城乡消费比 X_6	0.04506	负向
		农村用电量 X_7	0.02540	正向
		互联网宽带接入用户 X_8	0.02757	正向

续表

准则层	权重（W_j）	指标层	权重（W_j）	指标属性
经济发展评价系统	0.42302	人均畜牧业产值 X_9	0.04891	正向
		农业总产值占地区生产总值的比重 X_{10}	0.06673	正向
		畜牧业产值占农业总产值的比重 X_{11}	0.03641	正向
		畜产品商品率 X_{12}	0.03904	正向
		牲畜出栏率 X_{13}	0.06850	正向
		牲畜存栏数量 X_{14}	0.02202	正向
		肉类产品产量 X_{15}	0.04967	正向
		农机总动力 X_{16}	0.04268	正向
		饲草种植面积 X_{17}	0.02014	正向
		相关产业收入 X_{18}	0.02891	正向
资源与生态环境评价系统	0.28283	草场面积 X_{19}	0.04437	正向
		森林覆盖率 X_{20}	0.08439	正向
		人均耕地面积 X_{21}	0.02354	正向
		农业用水 X_{22}	0.03151	负向
		化肥施用量 X_{23}	0.05816	负向
		农药施用量 X_{24}	0.04087	负向

3.4.1　综合评价法

综合评价法是指先采用熵值法计算每个指标的权重，再采用定量分析方法计算准则层综合评价指数。综合评价分析模型如下：

$$S_i = \sum_{j=1}^{n} W_j * P_{ij} \tag{3-7}$$

模型（3-7）中的 S_i 代表玉树州生态畜牧业发展的 i 系统的评价指数；W_j 代表第 j 项指标在评价指标体系中的权重；P_{ij} 代表 i 系统中 j 指标的比重。通过综合评价分析模型，可以计算出 2017—2021 年玉树州生态畜牧业发展水平评价指数，计算结果见表 3-3-3 和图 3-3-1。

表 3-3-3　2017—2021 年玉树州生态畜牧业发展水平评价

年份	社会发展评价	经济发展评价	资源与生态环境评价	综合评价指数
2017	0.10902	0.03267	0.07699	0.21869
2018	0.19169	0.12643	0.14611	0.46424

续表

年份	社会发展评价	经济发展评价	资源与生态环境评价	综合评价指数
2019	0. 26538	0. 19112	0. 21491	0. 67141
2020	0. 35712	0. 23615	0. 25857	0. 85172
2021	0. 39754	0. 26432	0. 32189	0. 98285

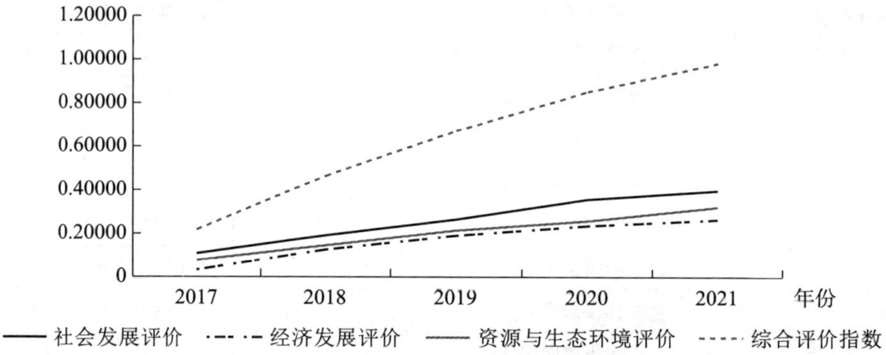

图 3-3-1　2017—2021 年玉树州生态畜牧业发展水平评价趋势

根据上述评价得分进行具体分析。

（1）社会发展评价

从表 3-3-3 和图 3-3-2 中可以看出，玉树州生态畜牧业的社会发展水平较高且稳步增长，其评价得分由 2017 年的 0. 10902 增长到 2021 年的 0. 39754。玉树州农村人口数量大、农村人口占总人口的比重较高，农村地区经济发展前景巨大，因当地城镇化率较低，城乡融合发展显得尤为重要。从玉树州农牧民的人均可支配收入来看，增长稳定且增速较快，由 2017 年的 6839 元增长到 2021 年的 10763 元，增长了 57. 38%。玉树州的农村居民恩格尔系数、城乡收入比和城乡消费比都呈现持续下降的发展趋势。经济的发展离不开电力资源与通信网络的支持。玉树州农村地区用电量持续稳定增长，从 2017 年的 795 万千瓦时增加到 2021 年的 925 万千瓦时，增长了 16. 35%，增长势头稳定。从互联网资源使用情况来看，玉树州农村地区互联网宽带接入用户由 2017 年的 41149 户发展到 2021 年的 69471 户，增长了 68. 83%。从以上数据可以看出，玉树州发展生态畜牧业以后，当地农牧民的收入水平及生活水平都获得了较大提高，因而发展生态畜牧业对玉树州发展经济、提高人民生活水平以及维护社会稳定等均发挥着积极作用。

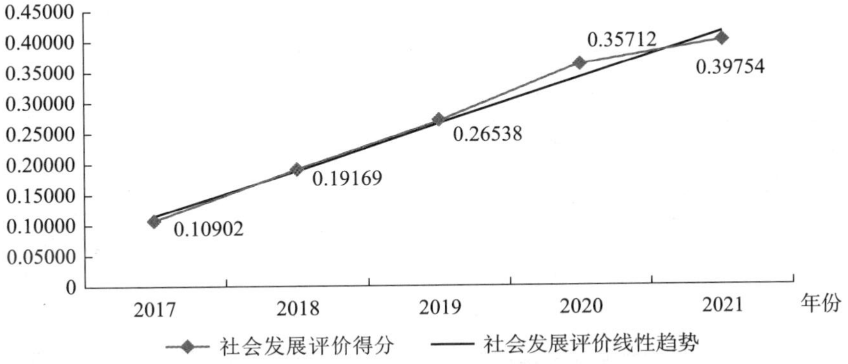

图 3-3-2　2017—2021 年玉树州生态畜牧业社会发展评价得分及发展趋势

（2）经济发展评价

在生态经济以及高质量发展大背景下，玉树州经济发展总体呈现稳步增长的态势。从图 3-3-3 中可以看出，玉树州生态畜牧业的经济发展评价得分从 2017 年的 0. 03267 增至 2021 年的 0. 26432，增长了 7. 09 倍，从增长速度来看，2018 年的发展较快，增长了 2. 87 倍。对玉树州经济发展影响最大的评价指标是相关产业收入。生态畜牧业在自身发展的同时，还能在其他方面影响玉树州的经济发展，如交通运输业、与畜牧业相关的旅游业以及相关基础设施建设等。在相关产业收入中，最重要的是围绕畜牧业的乡村旅游收入，其次是围绕产品与人员的交通运输行业带来的收入。人均畜牧业产值和农业总产值占地区生产总值的比重也是对玉树州生态畜牧业经济发展很重要的评价指标。这两个指标数据逐年增长且发展平稳。其他重要的指标包括牲畜出栏率、畜牧业产值占农业总产值的比重、畜产品商品率以及农机总动力，这些指标数据稳步增长。从牲畜存栏数量以及肉类产品产量来看，增长速度稍有下降。这主要有两方面原因：一方面，气象灾害较多，如雪灾、冻害等导致牲畜死亡从而减少了肉类产品产量与牲畜存栏数量；另一方面，当前高质量发展战略取代了传统的以大数量获得利益的发展战略，需要质、量俱佳的产品，造成牲畜存栏数量与肉类产品数量减少。以上数据表明，玉树州生态畜牧业发展取得了不错的成果，农业产业结构在逐步优化。

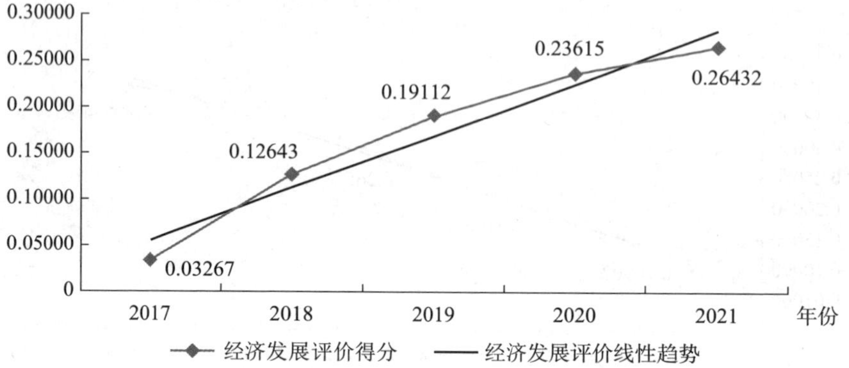

图 3-3-3　2017—2021 年玉树州生态畜牧业经济发展评价得分及发展趋势

（3）资源与生态环境评价

由于特殊的地理位置与独特的气候条件，玉树州的生态环境比较脆弱，检验其经济发展水平的唯一标准就是能否做到经济发展与生态环境保护的协调。从图 3-3-4 中可以看出，玉树州生态畜牧业资源与生态环境水平较高，评价得分也呈现出快速上升的趋势，由 2017 年的 0. 07699 增至 2021 年的 0. 32189。2018—2020 年，该评价得分增长速度有所放缓，从 0. 14611 增长到 0. 25857，增长了 76. 97%。玉树州高度重视对当地生态环境的保护，在发展经济时选择的是对生态环境破坏程度较低的生态畜牧业发展模式，农牧民选择的是更符合绿色经济、生态经济的耕作方式与放牧方式，化肥和农药的使用量快速减少。玉树州森林覆盖率稳步增长，从 2017 年的 2. 71%增长到 2021 年的 4. 23%。玉树州充分认识到生态环境的重要性，严格落实生态经济战略，在一定程度上做到了发展经济与保护生态环境的协调。

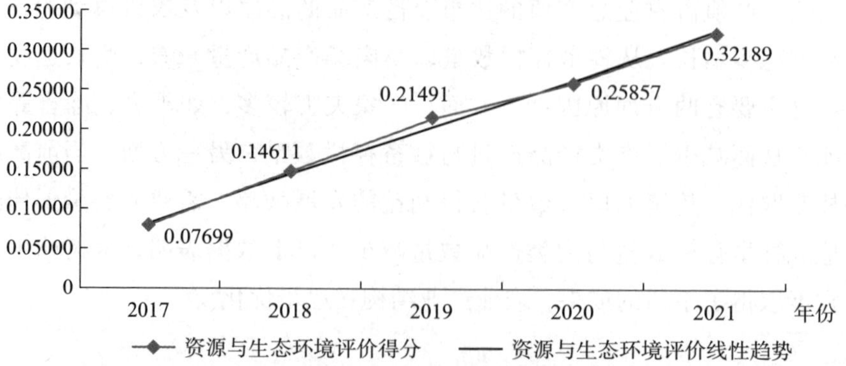

图 3-3-4　2017—2021 年玉树州生态畜牧业资源与生态环境评价得分及发展趋势

（4）综合评价

2017—2021 年玉树州生态畜牧业综合评价如图 3-3-5 所示。三个系统的综合评价得分稳步增长，从 2017 年的 0.21869 增长到 2021 年的 0.98285，增长了 3.49 倍，增长速度较快。玉树州生态畜牧业发展主要分为三个阶段：第一阶段（2017—2018 年），快速增长，综合评价得分从 0.21869 增长到 0.46424，增长了 1.21 倍；第二阶段（2018—2020 年），增长速度放缓，综合评价得分由 0.46424 增长到 0.85172，增长了 83.47%；第三阶段（2020—2021 年），增长速度进一步下降，综合评价得分从 2020 年的 0.85172 增长到 2021 年的 0.98285，仅增长 15.40%。总的来看，虽然近几年玉树州的生态畜牧业增长速度有所放缓，但还在深化发展，而且虽然增长速度放缓了，发展质量却提高了。经综合分析可以发现，玉树州生态畜牧业发展评价指标体系中三个系统的发展水平从高到低依次为社会发展评价系统、资源与生态环境评价系统、经济发展评价系统。可见，玉树州发展生态畜牧业既符合玉树州的生态高地定位，也符合玉树州实际情况，是一条正确的发展道路。

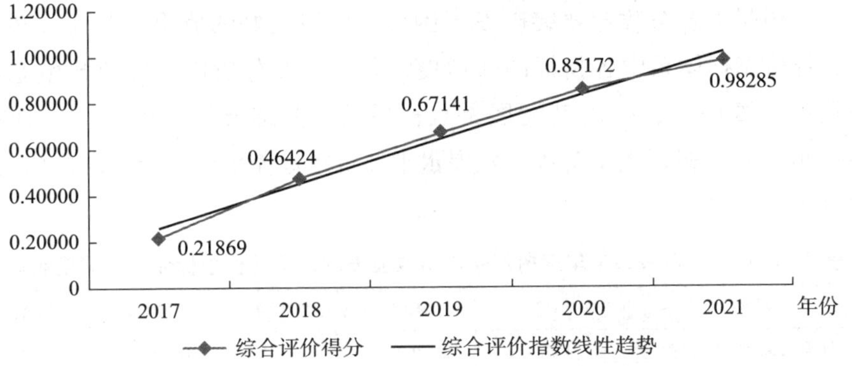

图 3-3-5　2017—2021 年玉树州生态畜牧业发展水平综合评价得分及发展趋势

3.4.2　障碍度模型分析

由前文分析可知，玉树州生态畜牧业发展水平评价指标体系由三部分组成，分别为社会发展评价系统、经济发展评价系统和资源与生态环境评价系统。玉树州生态畜牧业要健康发展，必须找到影响因素并进行适当处理。本节采用障碍度模型分析玉树州生态畜牧业发展的影响因子，通过对影响因子进行排序分析玉树州生态畜牧业发展水平。

（1）障碍度模型

本节在建立玉树州生态畜牧业发展水平评价指标体系的基础上，采用障碍度模型，对评价指标体系中的各指标进行分析，以找出影响玉树州生态畜牧业发展的主要因素，这也有利于为后续相关研究提供具体而有价值的参考。障碍度模型如下：

$$Q_j = \frac{(1 - X_{ij}) * W_j}{\sum_{i=1}^{n} (1 - X_{ij}) * W_j} \tag{3-8}$$

其中，X_{ij}是经过标准化处理的数据指标；W_j 是指标 j 所占的权重，也被称为“因子贡献率”；$1-X_{ij}$代表偏离度，即评价指标体系中单一指标与生态畜牧业发展目标之间的差距；n 表示指标的数量；Q_j 表示指标的障碍度，一般要先确定评价指标体系中某一个准则层的障碍度，再对准则层下级所有指标的障碍度进行算数求和，才能得到最后的障碍度。

（2）评价系统障碍度分析

玉树州生态畜牧业经过多年的发展，取得的成就很多，且发展质量较好。但是，玉树州生态畜牧业要突破发展困境，取得更好的成果，首先，必须科学分析评价指标体系中各指标的障碍度；其次，要分析影响玉树州生态畜牧业发展的主要因素，得出其发展重点；最后，要结合障碍度模型，计算出2017—2021 年玉树州生态畜牧业发展水平评价指标体系中三个系统的障碍度，结果见表 3-3-4。

表 3-3-4　2017—2021 年玉树州生态畜牧业发展水平评价指标体系障碍度统计

系统	2017 年	2018 年	2019 年	2020 年	2021 年
社会发展评价系统	0. 34770	0. 26441	0. 01101	0. 01026	0. 00238
经济发展评价系统	0. 44696	0. 50417	0. 65932	0. 57851	0. 34562
资源与生态环境评价系统	0. 20534	0. 23142	0. 32966	0. 35745	0. 37136

由表 3-3-4 可知，2017—2021 年，玉树州生态畜牧业发展水平评价指标体系中三个系统的变化趋势不完全一致。总的来说，社会发展评价系统与经济发展评价系统都呈现出下降的趋势，有所不同的是，经济发展评价系统的障碍度发展趋势为先上升后下降，而社会发展评价系统一直呈下降趋势。资源与生态环境评价系统的障碍度呈现出增长的发展趋势。社会发展评价系统

的障碍度由2017年的0.34770降至2021年的0.00238；经济发展评价系统的障碍度由2017年的0.44696增至2019年的0.65932，之后下降至2021年的0.34562；资源与生态环境评价系统的障碍度由2017年的0.20534增至2021年的0.37136。社会发展评价系统、经济发展评价系统和资源与生态环境评价系统的平均障碍度分别为0.12715、0.50692、0.29905。由此可知，对玉树州生态畜牧业发展的影响重要程度从高到低依次为经济发展评价系统、资源与生态环境评价系统、社会发展评价系统。这也表明经济发展才是一切工作的核心，提高经济价值是促进玉树州生态畜牧业发展的重要手段，与此同时，需要兼顾社会价值与生态环境价值。

（3）障碍因子分析

本节采用障碍度模型计算2017—2021年玉树州生态畜牧业发展水平评价指标体系中各指标的障碍度，结果见表3-3-5。

表3-3-5　玉树州生态畜牧业发展水平评价指标体系中各指标的障碍度

准则层	指标	2017年	2018年	2019年	2020年	2021年
社会发展评价系统	X_1	0.00560	0.01028	0.00010	0.00005	0.00001
	X_2	0.04758	0.00000	0.01101	0.00051	0.00367
	X_3	0.03739	0.03090	0.00123	0.00347	0.00053
	X_4	0.04804	0.04594	0.00241	0.00351	0.00783
	X_5	0.06533	0.06170	0.00156	0.00787	0.00012
	X_6	0.06399	0.05289	0.00045	0.00065	0.00063
	X_7	0.04333	0.03526	0.00057	0.00015	0.00047
	X_8	0.03645	0.02743	0.00340	0.00145	0.00456
经济发展评价系统	X_9	0.06051	0.05820	0.00457	0.00123	0.00256
	X_{10}	0.07040	0.00409	0.00366	0.00473	0.00179
	X_{11}	0.05382	0.04173	0.00451	0.00481	0.00035
	X_{12}	0.05664	0.08555	0.01052	0.00986	0.00451
	X_{13}	0.07065	0.04307	0.00301	0.00457	0.00073
	X_{14}	0.00000	0.06008	0.32966	0.00981	0.00741
	X_{15}	0.00000	0.12230	0.32966	0.00962	0.01532
	X_{16}	0.07466	0.05160	0.00248	0.01465	0.00579
	X_{17}	0.02133	0.00000	0.00028	0.00126	0.00734
	X_{18}	0.03895	0.03756	0.00045	0.00562	0.00589

续表

准则层	指标	2017 年	2018 年	2019 年	2020 年	2021 年
资源与生态环境评价系统	X_{19}	0.00000	0.00000	0.00137	0.00521	0.00740
	X_{20}	0.07466	0.06119	0.00059	0.00626	0.00452
	X_{21}	0.01641	0.07459	0.32966	0.28510	0.11365
	X_{22}	0.04093	0.03490	0.00056	0.00004	0.00087
	X_{23}	0.06256	0.05182	0.00470	0.00458	0.00391
	X_{24}	0.01079	0.00891	0.00428	0.00105	0.00087

本节对 24 个评价指标的障碍度进行计算后，得到各指标的平均障碍度为 0.03031。从整个评价指标体系的障碍度来看，在 2020 年和 2021 年，只有 X_{21} 的障碍度是大于 0.1 的，即只有人均耕地面积的障碍度大于 0.1，其余指标的障碍度均小于 0.1。

综上所述，各障碍因子对玉树州发展生态畜牧业的影响程度从大到小排序为经济发展评价系统、资源与生态环境评价系统、社会发展评价系统。可见，经济发展是影响玉树州整体发展的关键。在发展玉树州生态畜牧业的过程中，在生态环境与产业协调发展的同时，还需不断创新发展方式、改变发展理念。

3.5 结论

在采用熵值法计算玉树州生态畜牧业发展水平评价指标体系中各指标权重的基础上，本章通过综合评价模型与障碍度模型对各指标进行评价，得出以下结论：玉树州生态畜牧业发展综合评价指数增长速度较快，即玉树州在发展生态畜牧业后整体经济发展势头不错，发展速度也在逐渐提高。在党的科学经济发展战略指导下，玉树州在社会与经济发展、生态环境保护等方面均取得了重大成果，经济发展水平不断提高，人们收入与生活水平极大改善，发展质量进一步提高。可见，发展生态畜牧业是适应玉树州实际的最佳选择。2021 年，玉树州生态畜牧业发展的障碍因子下降明显，障碍度大于 0.1 的只有 1 个指标（人均耕地面积），其余指标的障碍度都小于平均障碍度（0.03031），这直接表明 2021 年影响玉树州生态畜牧业发展的不利因素在减少。2021 年排在前 5 名的障碍因子分别是人均耕地面积、肉类产品产量、农牧民人均可支配收入、草场面积和饲草种植面积。2021 年，人均耕地面积的障碍度最大，为 0. 11365，农村人口数占总人口的比重的障碍度最小，为 0. 00001，远远小于 24 个评价指标的平均障碍度 0. 03031。可见，要发展玉树州的生态畜牧业，还需要积极采取措施夯实上述对玉树州生态畜牧业发展影响较大的基础条件，最重要的是做好经济发展与生态环境保护的协调。

第4章 促进玉树州生态畜牧业发展的对策建议

本篇在对玉树州生态畜牧业发展状况以及存在问题进行分析的基础上，对玉树州生态畜牧业发展进行了 SWOT 分析，继而构建玉树州生态畜牧业发展水平评价指标体系，并采用熵值法、综合分析法、障碍度模型等对玉树州生态畜牧业发展水平进行评价，同时探寻玉树州生态畜牧业发展的影响因子。基于前文分析，本章对促进玉树州生态畜牧业发展提出了几点对策建议。

4.1 延长产业链，完善畜牧产品加工体系

在延长产业链方面，对畜牧产品加工产业链进行完善是提高畜牧产品附加值的重要手段。延长产业链是提高农牧民收入的重要举措。从玉树州生态畜牧产品的经营情况与销售成果来看，简单粗放型加工的畜牧产品销售价格往往比较低，对市场的适应能力比较差，市场竞争力较弱。要解决上述问题，畜牧业产品加工企业必须加强自身建设，将个体粗放型生产转变为规模化经营生产，完善相关生产技术与生产线，形成以牦牛肉、羊肉、毛类、奶制品以及附加营养产品等为主的深加工企业集群。此外，要尽可能保留现有企业中具有竞争优势的企业，增强其发展能力，同时培育一批新的具有良好潜力和市场适应能力的企业，使之成为玉树州发展生态畜牧业的知名品牌企业。要进一步提高玉树州畜牧产品的市场竞争力，必须努力提高畜牧产品的规模化、标准化程度，提高畜牧产品的加工深度，延长畜牧产品加工产业链，通过增加畜牧产品的附加值来提高其价值，增强其市场竞争力。

在完善畜牧产品加工体系方面，应着力做好以下几项工作：第一，在畜牧产品的品质方面，需要建立产品等级划分标准。根据产品的品质划分等级，不同等级对应不同的价格，用不同的价格标准对应不同的消费市场，以此扩

大市场份额。第二，提高畜牧产品的技术含量。技术含量决定了产品的附加值和产品加工质量，较高的技术含量可以有效减少加工过程中出现的劣质品数量。第三，建立完善的冷链运输体系。玉树州畜牧产品的消费市场大多远离产地，运输距离较长，传统运输模式与运输工具容易导致畜牧产品在运输过程中出现变质、损坏等情况。完善的冷链运输体系可以保证畜牧产品在较长距离的运输过程中不会变质，并保证其营养物质不流失。第四，促进乳制品产业发展。利用牛奶、羊奶营养物质高且便于被消费者接受的优势，多加工牦牛奶粉、羊奶粉、酸奶，以及奶油等奶制产品。第五，充分利用畜牧活动中产生的副产品。例如：牦牛皮具有质地坚硬、美观等特点，可以将其加工成皮包、皮鞋等装饰品或日用品；羊皮具有质软、防水性强等特点，可以将其加工成羊皮筏子；羊毛保暖性好，可以将其加工成羊毛大衣、羊毛被等。

4.2　创新牧场经营管理体制，发展现代牧场

要努力创新牧场经营管理体制，深化合作社的股份制改革。例如，可采用“农牧民或村集体以草地、牲畜的形式入股—分牧群分地区饲养—草场划分区域进行轮牧—社员分工经营—通过日常管理与劳动获得报酬—收益再按股份进行分红”的现代股份制发展模式。要将单一的专业合作社发展为联合式的大合作社，突破不同地区之间的地理限制，增强地区之间的联系，以联合发展取代孤立发展，实现玉树州生态畜牧业产业链的有效延伸。实行产业化驱动发展战略。要将单一传统的畜牧业发展为科学多样的复合产业集群，建设如“互联网+畜牧业”“互联网+加工业+畜牧业”“互联网+私人定制代牧”的云放牧体验等新型畜牧业发展平台。

发展现代化牧场，要坚持集约化、产业化，以及创新驱动发展战略。要实现生态畜牧业由传统粗放经营向市场化、集约化经营转变，必须以玉树州的资源禀赋为发展基础，调整畜牧业生产结构，可以采用舍养、圈养、半圈养半放牧等多种养殖方式。考虑到草场的承受能力，可以分区域进行轮休轮牧，确保草场上养殖牲畜的数量在草场承受范围以内。牲畜养殖数量与草场承受能力协调，有助于进行规模化经营。在经营体系方面，要解决传统农牧民单独经营与部分专业合作社发展难的问题，把农牧民、合作社、企业等不同主体紧密联系起来，充分发挥各主体的作用。要鼓励当地农牧民积极参与

玉树州生态畜牧业发展体系建设，在牲畜的养殖、加工、销售以及技术服务等方面，引进并采用新型技术与新的发展理念，为玉树州生态畜牧业发展注入活力。

4.3 加大农村地区教育投入，培养专业人才

玉树州经济发展水平相对较低，加上海拔高、气候条件较差等，当地农村地区劳动力的受教育程度普遍不高，思维观念相对固化，不容易接受新知识与新技术。玉树州存在一些限制教育发展的不利因素，如教育基础设施不完善、各类学校师资相对缺乏，以及因学生居住太过分散而导致的教育成本较大等问题。这些不利因素既影响了当地基础教育与职业技能教育的发展，也在很大程度上影响了当地生态畜牧业的发展。发展经济需要人才，教育是培养人才最主要的手段，教育发展的好坏直接决定了人才的数量与质量，但基础教育与职业技能教育又是农村地区教育发展的短板。

在农村教育投入方面，玉树州应做好以下三方面工作：第一，政府加大在农村基础教育方面的投入。扩大职业技术教育普及范围，做好农村教育基础设施建设工作，对现有学校进行现代化改造，如翻新教学楼、翻新学生公寓等。对农村地区的学校增加现代化的教育手段，如多媒体教学工具与校园无线网络覆盖等，扩展在校学生接受外界先进知识的渠道。此外，要重视农村地区教师的待遇问题。只有切实提高教师待遇，解决他们到农村地区学校工作的后顾之忧，才能吸引高校人才与外地优秀教师来玉树州农村地区学校从事教育工作。第二，政府相关部门应开展生态畜牧业相关专业技术培训，请权威人士做技术指导，向当地农牧民传授先进的专业技术与专业知识，提高自身技能。第三，建立生态畜牧业相关的专业技术学校。建立专业技术学校，有助于吸收附近农牧民学习生态畜牧业方面的理论知识与实践知识。本地农牧民既是当地生态畜牧业发展的实际参与者，也是当地生态畜牧业发展的直接受益者，培育本土人才，能够有效激发生态畜牧业发展活力，更能最大限度地留住人才，有利于当地生态畜牧业的长远发展。

4.4 完善科技服务体系，培育优良牲畜品种

在完善科技服务体系方面，应做好以下三方面工作：第一，政府加大力度支持牲畜的养殖管理、动物防疫、畜类选种、人工授精等，提升生态畜牧业的科技水平，完善牲畜养殖监测与疾病预警等系统，以便全方面掌控畜牧业发展。第二，充分利用地方高校在人才、科技、管理等方面的资源优势。应积极引进高校研发出来的新成果，在充分吸收的基础上广泛推广。努力提高生态畜牧业专业人才的薪资待遇，加大人才引进力度，并尽可能培养本土人才。第三，加强对农牧民理念方面的宣传。通过宣传，慢慢改变农牧民的传统观念，使其在生态畜牧业发展过程中逐渐树立高效、稳定、绿色的发展理念。

在培育优良牲畜品种方面，应做好以下三方面工作：第一，选择优良畜类品种。积极与地方科研机构和高校合作，引进其研发成果，通过科技手段进行畜类品种干预，积极培育更优良的牲畜品种。第二，加大检测力度，扩大覆盖范围。通过多种检测手段对现有畜类品种进行科学检测，以便发现其中的不良品种，对其进行优化。第三，建立并完善品质追溯系统。对每只牲畜，在其出生时就设置一个专属二维码，记录牲畜从出生到成长再到流入市场的全过程，做到实时监控，保证质量，让消费者放心。

4.5 加强对合作社的管理，增强其发展潜力

首先，要加强对当地生态畜牧业专业合作社的管理。政府在合作社的发展中应发挥积极的引导作用。在不影响合作社自我发展活力的前提下，政府应加强对其进行管理，规范其运行机制与管理模式，引导投资者和农户参与合作社，增强合作社抵抗风险的能力。其次，要维护好合作社发展所需的环境。政府应加强对市场的宏观调控，打击影响市场正常运行的不法行为，维护良好的市场环境，并搭建相关平台扶持合作社的发展，帮助合作社引进资金、技术、人才等资源，推动生态畜牧业长期健康发展。最后，积极引进专业设备与高端人才。政府应鼓励和支持相关企业搭建交流平台，聘请专业人

才对相关从业人员进行技能培训，对本地农村青壮年劳动力进行专业技能培训，培养合作社自己的专业技术人员和储备干部，以降低交易成本，促进玉树州生态畜牧业更好发展。

4.6 实现草场与牲畜协调及绿色发展

在草场与牲畜协调方面，首先，要重视饲草加工。政府应扶持几家发展较好的龙头企业，使其发挥强大的带动作用，稳定草料与饲料供给，确保牲畜在天然草场草料缺乏的情况下也有较为稳定的草料、饲料供应。其次，提高饲草产量。通过培育优良的饲草品种，使饲草更好地适应玉树州的高原高寒气候，将规模种植的饲草与天然牧草有机结合起来，加大饲草的种植力度，增加饲草的种植面积，通过科学的种植方式提高饲草的产量与质量。最后，协调多个经济主体共同出力稳定饲草供应。要把农户、种植基地、合作社、企业等经济主体联系起来，建立"农户+种植基地+合作社+企业"的饲草种植联合发展模式，保证牲畜需要的草料供应充足。

在绿色发展方面，首先，要将生态环境保护作为一切工作的前提，优化产业结构，促进玉树州农业和畜牧业协调发展，在确保生态保护各项工作有序开展的前提下，合理发展生态畜牧业。要确保草场上的牲畜数量与草场的承受能力相适应，并重视对已经被破坏的草原生态环境进行治理，提高其可持续发展能力。其次，发展绿色养殖。建立并完善绿色发展相关体系，重视牲畜养殖过程中出现的环境污染、草场退化等问题，坚持绿色发展理念，借助养殖场污水处理、空气净化、废弃物再处理等技术，完善相关基础设施。最后，加强废物利用。加强对农牧民的环保意识宣传，创新绿色发展模式，对牲畜粪便进行无害化处理，使其从废弃物变为可利用物。

4.7 实现产业融合，提高发展能力

从实现产业融合的角度来说，应做好以下几项工作：

第一，实现三个产业的融合发展。一方面，需要转变玉树州传统的生态畜牧业生产经营方式。通过深化加工，拓展产业链的深度与广度，可以提升

畜牧产品附加值，增加当地农牧民收入，激发农牧民的热情，有利于实现玉树州生态畜牧业的健康发展。另一方面，加强地区之间的经济联系与合作。将不同地区的优势结合起来，实现强强联合、优势互补，通过专业化分工合理配置资源，有助于减少阻碍生态畜牧业发展的不利因素。

第二，将生态畜牧业与旅游资源有效结合。可借助玉树州独特的自然资源与人文资源，发展具有本地区特色的旅游产业，如“生态旅游+生态保护体验”“生态旅游+生态保护教育”“生态旅游+民族特色风情体验”等乡村旅游新模式，使玉树州在有效保护生态环境的前提下，适当发展生态旅游。

第三，加强与新型多媒体宣传平台的合作。做好与线上交流平台的沟通与协作，如充分利用快手、抖音、微信公众号等，提升玉树州及其畜牧产品的知名度，这也有利于玉树州的畜牧产品打开市场、扩大市场份额，以及玉树州畜牧业持续稳定健康发展。

参考文献

［1］舒尔茨．改造传统农业［M］．北京：商务印书馆，2006.

［2］梅尔．农业经济发展学［M］．北京：农村读物出版社，1988：232.

［3］速水佑次郎，拉坦．农业发展的国际分析［M］．北京：中国社会科学出版社，2000.

［4］那日，白音巴特尔．关于生态畜牧业的理论探讨［J］．黑龙江民族丛刊，2002(4)：46-49.

［5］杨伊依．内蒙古可持续牧业发展研究［D］．北京：中国农业科学院，2010.

［6］王璟．生态畜牧业的内涵及其主要特征［J］．当代畜禽养殖业，2014(9)：6-7.

［7］孙静初．京津冀一体化城郊生态型畜牧业发展模式研究［J］．畜牧兽医科学，2017(4)：77-78.

［8］常鹏．草原畜牧业现状及绿色发展模式［J］．饲料与畜牧，2017(14)：11-13.

［9］钱宇程，叶锋，胡琴，等．我国生态畜牧业发展模式研究［J］．中国猪业，2018，13(10)：23-25.

［10］丁国进．昌吉市现代畜牧业发展模式选择及前景分析［J］．新疆畜牧业，2018，33(3)：13-15.

［11］陈俊科，马永仁，李捷，等．畜牧业产业化经营模式典型案例分析：以伊吾县为例［J］．黑龙江畜牧兽医，2018(24)：28-30.

［12］李文鹏．黑龙江省双峰农场畜牧业发展模式初探［J］．农场经济管理，2018(12)：35-36.

［13］程长林，任爱胜，刘鉴洪，等．青藏高原社区畜牧业发展模式研究［J］．江苏农业科学，2018，46(2)：296-300.

［14］刘承军，郭丙全．新旧动能转换形势下聊城畜牧业突破发展的思路［J］．农业知识，2018(21)：4-7.

［15］尹景松．乡村振兴背景下发展生态农业的新思考［J］．安徽职业技术学院学报，2019，18(2)：56-59.

［16］刘淑英．高原生态畜牧业发展存在问题与对策［J］．中国畜禽种业，2020，16(3)：36.

［17］何瑛．乡村振兴背景下贵州生态畜牧业发展现状与建议［J］．畜禽业，2021，32(9)：80-81.

［18］周扬，宋思梦，罗源，等．发展甘孜州草原生态畜牧业 解决草原退化困境及出路探索［J］．现代园艺，2021，44(17)：83-86.

［19］朱顺莲．青海省祁连县绿色农业发展现状及发展思路［J］．养殖与饲料，2021，20(9)：162-164.

［20］斯兰别克．草食畜牧业发展的模式思考［J］．兽医导刊，2021(3)：93.

［21］董全民，赵新全，徐世晓，等．畜牧业可持续发展理论与三江源区生态畜牧业优化经营模式［J］．农业现代化研究，2011，32(4)：436-439.

［22］陈有文，巴特．海南州生态畜牧业发展的现状及对策［J］．中国畜牧兽医文摘，2012(6)：1-2.

［23］刘迪．青海省草地畜牧业转型方向研究［J］．南方农机，2018，49(9)：15-16.

［24］王福成，马素洁．青海藏区生态畜牧业现状及可持续发展建议［J］．当代畜牧，2019(7)：73-76.

［25］李晨，申李，岳筠，等．贵州省生态畜牧业发展成效及发展探讨［J］．贵州畜牧兽医，2020，44(3)：23-27.

［26］苏红梅，刘俊华．内蒙古牛羊肉产业绿色发展路径探析［J］．内蒙古社会科学，2020，41(5)：207-212.

［27］杨森．生态畜牧业的现状与发展策略［J］．畜牧兽医科技信息，2021(5)：37-38.

［28］于法稳，黄鑫，王广梁．畜牧业发展：理论阐释与实现路径［J］．中国农村经济，2021(4)：85-99.

［29］杜思梦，刘涛．基于新发展理念的农业发展：内涵、问题及举措［J］．中国农业科技导报，2021，23(3)：18-24.

［30］张子安．青海牧区生态畜牧业合作社股份制改制发展思路：以河南

县荷日恒村为例[J]. 当代畜牧，2018(18)：74-75.

[31] 李明，李双元. 西北地区发展生态畜牧业专业合作社的几点思考：以青海玉树州为例[J]. 开发研究，2014(3)：26-29.

[32] 汪丽萍. 西部地区绿色经济与绿色发展的产业模式创新：以青海生态畜牧业为例[J]. 农业部管理干部学院学报，2015(3)：41-44.

[33] 陈晓林. 经济结构调整中青海畜牧业发展的不足与对策[J]. 中国农业资源与区划，2016，37(11)：140-144，169.

[34] 敏晓花. 青海生态畜牧业发展的影响因素分析及对策探析[J]. 新农业，2018(3)：52-53.

[35] 崔会敏，韩龙光. 生态畜牧业可持续发展问题与对策浅析[J]. 山东畜牧兽医，2023，44(2)：65-66.

[36] 王琳，吕萍，贾峤. 基于熵值法的农业经济高质量发展评价研究：以辽宁省为例[J]. 农业经济，2023(2)：3-6.

[37] 肖艳，徐雪娇，孙庆峰. 数字农业高质量发展评价指标体系构建及测度[J]. 农村经济，2022(11)：19-26.

[38] 刘莉娜，张杨，王峥. 电商价值链视角下农业高质量发展的统计评价[J]. 统计与决策，2022，38(18)：32-36.

[39] 贾冀南，郭晓磊，王金良. 中国农业绿色高质量发展评价研究[J]. 农业经济，2022(8)：6-8.

[40] 张进财. 我国农业经济与生态系统耦合协调发展评价[J]. 生态经济，2022，38(6)：115-121.

[41] 周静. 长江经济带农业绿色发展评价、区域差异分析及优化路径[J]. 农村经济，2021(12)：99-108.

[42] 胡江霞，罗玉龙. 基于生态位理论的武陵山区特色农业发展创新路径研究[J]. 生态经济，2021，37(10)：115-122.

[43] 张默，孙科. 农业高质量发展理论内涵、水平测度及评价研究[J]. 农业经济，2021(5)：6-8.

[44] 田野，黄进，安敏. 乡村振兴战略下农业现代化发展效率评价：基于超效率 DEA 与综合熵值法的联合分析[J]. 农业经济问题，2021(3)：100-113.

[45] 刘俊，但文红，程东亚，等. 云南省农业可持续发展评价及其子系

统耦合协调性关系研究[J]. 生态经济，2020，36(4)：107-115.

[46] 陈培彬，张精，曾芳芳，等. 基于因子分析的福建省生态农业发展质量评价[J]. 生态经济，2020，36(3)：112-117.

[47] 孙蕊，齐天真. 农业适度规模发展评价指标体系构建与综合评价[J]. 统计与决策，2019，35(7)：49-52.

[48] 张乃明，张丽，赵宏，等. 农业绿色发展评价指标体系的构建与应用[J]. 生态经济，2018，34(11)：21-24，46.

[49] 何泽军，姬一帆，张朝辉. 中国畜牧业绿色生产力区域布局评价及优化建议[J]. 区域经济评论，2021(4)：74-81.

[50] 胡浩，郭利京. 农区畜牧业发展的环境制约及评价：基于江苏省的实证分析[J]. 农业技术经济，2011(6)：36-42.

第四篇

三江源国家公园生态旅游业创新发展模式研究①

① 本篇为青海省社会科学规划项目“三江源国家公园生态畜牧业创新发展研究”（项目编号：17005）的研究成果。

2018 年 1 月 17 日，国家发展改革委公布《三江源国家公园总体规划》，明确提出“至 2020 年正式设立三江源国家公园”。近年来，具有保护自然和休闲娱乐等多种功能的生态旅游日渐受到人们的青睐。三江源地区的生态系统服务功能、自然景观和生物多样性在全国乃至全球范围均具有保护价值，以国家公园为代表的生态旅游模式，将成为旅游业新业态。青海省作为经济欠发达省份，要承担在生态建设方面的最大责任，挖掘生态文明方面的最大价值。建立三江源国家公园，符合当前青海省的生态旅游战略，是青海省实现由农牧业大省到生态大省重大转变迈出的坚定一步。三江源国家公园作为我国海拔最高的天然湿地，素有“中华水塔”的美誉，是青藏高原及其周边地区至关重要的生态屏障和水源涵养区，也是当地经济发展的物质基础。三江源国家公园生态旅游产业在挖掘生态价值时，不仅要注重生态保护，还要努力激发自身的创新活力。

第1章 三江源国家公园生态旅游业发展现状

1.1 三江源国家公园生态旅游资源的空间分布

三江源国家公园生态旅游资源的空间分布见表4-1-1。

表4-1-1 三江源国家公园生态旅游资源的空间分布

生态旅游园区	所涉县域	自然景观	历史人文景观
黄河源园区	玛多县	黄河源头、扎陵湖、鄂陵湖、星宿海、冬格措纳湖、黄河源国际猎场、哈姜盐湖、巴颜喀拉山、花石峡石山、雅拉达则峰和措哇尕泽峰	格萨尔赛马称王遗址、格萨尔王王妃珠姆宫殿遗址、牛头碑、莫格德哇古墓群遗址、泊海迎亲滩、黄河源水电站、玛多黄河大桥、玛多经山、和科寺、卡克寺、曲那迈寺、措哇尕泽寺
长江源（可可西里）园区	曲麻莱县、治多县	不冻泉、昆仑山、通天河、沱沱河、客甲尕哇雪山、长江源高原地质奇观、长江源亚洲地理之谜、烟章挂大峡谷、金湖、银湖、太阳湖、月亮湖、黑刺林景观、天然石桥、龙眼湖、聂恰河、可可西里温泉、可可西里藏羚羊栖息区、可可西里藏野驴栖息区、曲果阿玛藏野驴保护区、索加措河滩鸟类保护区、巴斯公卡藏羚羊保护区、牙曲河湿地保护区、牙曲野障卡雪豹保护区、野狼滩动物群观赏区、通天河漂流第一峡口	勒巴沟岩画、格萨尔王登基台、秋智乡旧址、河口喇嘛寺、仲晴寺、杰桑·索南达杰保护站及纪念碑、贡萨寺旧址及宗喀巴大殿、玉树古墓群、长江源碑、长江第一桥、长江楚玛尔“七渡口”、江庆“甘珠尔”石刻经文墙、长江源游牧文化“嘎嘉洛十景”、红宫遗址、长江源格拉丹东
澜沧江源园区	杂多县	澜沧江源头、昂赛大峡谷、扎曲大峡谷、喇嘛诺拉神山、瓦里神山、玉珠峰、尕朵觉悟神山、昂赛原始森林、巴艾涌地质公园、果道沟原始柏树林、巴茸巴空峡谷泉华彩池、群果扎西滩	文成公主庙、佐青寺、斯日寺、扎西拉武寺、进藏第八通道、进藏第九通道、唐蕃古道

资料来源：根据调研资料及政府门户网站相关资料整理。

三江源国家公园不仅生态旅游资源丰富，而且文化底蕴深厚。三江源国家公园内有 AAA 级国家旅游景区 3 处，分别为：玉树州治多县的贡萨寺旅游景区、果洛州玛多县的星星海生态旅游景区和东格措纳湖生态旅游区。三江源国家公园自然景观多样，地域辽阔，自然、生态资源丰富，有昆仑山、巴颜喀拉山和唐古拉山等世界闻名的山脉。三江源国家公园内有丰富的水源地，湖泊河流纵横交错，更是“母亲河”黄河、“黄金水道”长江、“东方多瑙河”澜沧江的发源地。三江源地区有丰富的动植物资源，植被有阔叶林、灌丛、草甸、稀疏植被、垫状植被等 9 种类型；国家二级保护植物有红花绿绒蒿、油麦吊云杉和虫草 3 种，列入国际贸易公约附录Ⅱ的兰科植物有 31 种；省级重点保护植物有 34 种。野生动物有兽类 85 种、鸟类 263 种（包含亚种）、两栖爬行类 48 种。国家重点保护动物有 69 种。三江源地区地势特殊，栖息着许多具有高原特色的野生生物，如藏羚羊、藏牦牛、藏野驴等。独特的地理环境也孕育了一些名贵的药材，如雪莲、红景天、黄芪等。各湖泊河流中还繁衍着多种珍奇鱼类。已探明的矿产资源有沙金、铜、水晶等。这里还孕育了丰富多彩的历史文化，如藏羌民族文化、丝绸技艺文化、藏传佛教宗教文化等。唐蕃古道、斯日寺、莫格德哇古墓群遗址、格萨尔王登基台、格萨尔王王妃珠姆宫殿遗址、措哇尕泽寺、曲那迈寺、勒巴沟岩画、通天河洒经台等历史人文遗址皆是对古老文化的生动阐释。

1.1.1 黄河源园区生态旅游资源简介

黄河源园区自然资源丰富，河流纵横，湖泊棋布，比较著名的有扎陵湖和鄂陵湖两“姊妹湖”，高寒潮湿，地域辽阔，牧草丰美。2004 年扎陵湖和鄂陵湖被列入国际重要湿地保护名录。星宿海是一个狭长盆地，晴空万里时，河道一个连接一个熠熠发光，宛如天上繁星降落，极具神秘色彩。冬格措纳湖又名“托索淖尔”，藏语意为“黑海”，为半咸水湖，是果洛州的第三大湖泊。湖中偏北部有一个小岛，每年 4—10 月，岛上珍禽异鸟聚集。湖北岸有一处温泉，寒冬时节总有天鹅在温暖的湖水中觅食嬉戏。黄河源国际猎场总面积 37 万公顷，是林业部 1996 年正式批准的国际狩猎场，由黑河乡境内的冬格措纳湖猎点、扎陵湖和鄂陵湖猎点、黑河乡野马滩猎点组成。数量较多的野生动物有藏野驴、藏原羚、岩羊、雪鸡等，为发展狩猎旅游提供了较充足的野生资源。花石峡石山又名“花石山”，藏语意为“白色的牦牛”，山上怪石突兀，阴坡生长着灌木丛（以高山柳为主），石羊、雪鸡等野生动物不时出没，是登山、狩猎的好去处。

除了自然风光，这里还有丰富的历史人文景观，如矗立在“姊妹湖”之间措哇尕泽山顶的象征着民族精神的黄河源牛头纪念碑、格萨尔赛马称王遗址和格萨尔王王妃珠姆宫殿遗址、传说中文成公主与松赞干布的相会之处迎亲滩、对藏族文化历史发展和黄河流域文化具有较高研究价值的莫格德哇古墓群遗址等。此外，这里还有万里黄河第一桥、挂满经幡的经山、港澳回归纪念碑等众多人文景观。

1.1.2　长江源园区生态旅游资源简介

长江源园区是三江源保护区的核心区域，称为“地球第三极”和“生命的禁区”，是“中华水塔”的核心。这里野生动植物资源遍布全境，有高等植物 202 种、野生动物 230 多种。可可西里国家级自然保护区是世界上原始生态环境保存较好的自然保护区，也是中国建成的面积最大、海拔最高、野生动物资源最丰富的自然保护区之一。这里栖息的野牦牛、藏羚羊、野驴、白唇鹿、棕熊等是青藏高原上特有的野生动物。保护区有哺乳类动物 30 种、鸟类 56 种、裂腹鱼类 2 种及鳅类 4 种、爬行动物青海沙蜥 1 种。这里有“万山之宗”昆仑山、“百川之祖”通天河、“绝世美人”嘉洛珠姆，有长江源高原地质奇观、嘎嘉洛游牧文化、帕尤秀山水文化、通天河流域历史文化遗迹以及长江源野生动物群可供观赏，有昆仑山口杰桑·索南达杰纪念碑、“江源庐山”——烟章挂大峡谷、国家级文物保护单位贡萨寺旧址和宗喀巴大殿、玉树古墓群，还有省级文物保护单位长江楚玛尔“七渡口”及江庆“甘珠尔”石刻经文墙、“嘎嘉洛十景”等丰富多彩的民俗文化和生态文化资源。长江源园区因独特的自然景观和人文景点而具有神秘色彩与传奇色彩，旅游资源品位高，开发潜力大。

1.1.3　澜沧江源园区生态旅游资源简介

根据遥感专家刘少创的探测结果，澜沧江源头在杂多县扎青乡的吉富山。澜沧江源园区不仅自然地理景观壮美，而且民俗宗教文化风情多彩，是集山、江、庙、歌、舞于一体的生态旅游园区。《山海经·海内西经》中记载，昆仑山是天帝在地上的都城，传说也是西王母的居地。昆仑山主峰“玉珠峰”“玉虚峰”是中外知名的登山探险、科考研究和自然观光的绝佳场所。尕朵觉悟神山上栖息着众多野生动物，四周还生长着许多罕见的珍贵草药。神山近处生长着许多树木，如白花柽柳、苏木、高山柳等，其长势之茂较为罕见。传说英雄格萨尔王曾把许多“金瓶”供奉于尕朵觉悟神山。瓦里圣山久负盛名，据现存古典文献记载，17 世纪著名的掘藏大师卡久多杰根据莲花生大师的预言，认定此圣山为卫藏地区著名圣山秀度迪照的重要支脉诺布吾巴圣山。传说喇嘛诺拉神山是被赤松德赞普供奉的藏区十三大神山之一，神山的形状像戴着金帽的至尊活佛，是西藏阿里地区冈底斯山的守护神。山上有自然形成的白塔，称“自然塔”。据说自然塔上的红蝎子能治百病，那里还有百年前修得正果的佛教四大派中的噶玛噶举派高僧第八转世尕玛曲切岭巴在岩石上留下的手印和脚印。神山的附近还留有格萨尔王王国遗址。喇嘛诺拉神山上有天然石洞、雪山和冰川，喇嘛诺拉神山下有四季常温的天然温泉，温泉富含矿物质，有较好的保健功效。深山中不仅存储着金、铝、铜等矿产，而且有名贵的中草药，如冬虫夏草、红景天、雪莲等，还有白唇鹿、白天鹅、雪豹等野生动物。神山脚下有一条神秘的小溪，气温在零下 17℃时长流不息，而在天气炎热时却完全干枯。

1.2 三江源国家公园生态旅游业发展现状

从表 4-1-2 中可以看出，2013—2017 年，三江源地区的旅游人数和收入都有较大增幅。旅游人数从 2013 年的 39.8 万人增加到 2017 年的 143.9 万人，增长了约 2.6 倍。旅游收入由 2013 年的 2.2 亿元增长到 2017 年的 9.8 亿元，增长了约 3.5 倍。2013 年，青海省旅游收入为 159 亿元，三江源地区旅游收入仅占 1.38%，经过 5 年的发展，2017 年，青海省旅游收入增加到 382 亿元，三江源地区的旅游收入为 9.8 亿元，占全省旅游收入的 2.57%。可见，三江源地区旅游业发展势头较好。在旅游人均消费上，总体呈现平缓增长态势。旅游业的向好发展，带动了与之联系较为紧密的住宿与餐饮业的发展。2017 年，三江源地区住宿与餐饮业零售额为 2.0 亿元，较 2013 年的 1.4 亿元增长了约 42.86%。

表 4-1-2　2013—2017 年三江源地区旅游经济指标数据

年份	旅游人数（万人）	旅游收入（亿元）	旅游人均消费（元）	住宿与餐饮业零售额（亿元）
2013	39. 8	2. 2	1092. 8	1. 4
2014	58. 5	3. 3	1154. 0	1. 5
2015	87. 2	4. 7	1101. 9	1. 7
2016	109. 8	7. 3	1324. 7	1. 9
2017	143. 9	9. 8	1375. 7	2. 0

资料来源：《青海统计年鉴 2018》。

1. 2. 1　黄河源园区生态旅游业发展现状

玛多县的“玛多”，藏语意为“黄河源头”，县城所在地黄河沿藏语称为“玛查理”，是自唐代以来去往西藏的古老渡口和重要驿站。特殊的自然地理条件造就了玛多县独具特色的自然、人文旅游资源。由于自然条件恶劣，玛多县多数地区至今仍是无人区，较完整地保留着自然界粗犷的原始面貌，彰显着原始古朴的自然美，远离喧嚣加上人口稀少使这里空气清新、水质优美、草原环境优良。格萨尔的传说、松赞干布在“泊海”（今扎陵湖、鄂陵湖统称）边迎娶文成公主等历史故事以及莫格德哇古墓群遗址等使此地具有较高的历史文化价值。该地域内旅游资源组合较好，以“两湖一碑”为中心的源头风光旅游区在国内外享有盛誉。玛多县生态旅游业发展情况见表 4-1-3。

表 4-1-3　玛多县生态旅游业发展情况

指标	2007 年	2008 年	2009 年	2010 年	2011 年	2012 年	2013 年	2014 年	2015 年	2016 年	2017 年
旅游人数（万人）	0. 21	1. 10	1. 70	2. 30	2. 62	2. 98	3. 40	4. 46	5. 42	6. 59	9. 25
旅游收入（万元）	9. 2	286. 0	781. 0	950. 0	1100. 7	1609. 2	1938. 7	2689	3442. 6	4583. 6	6295. 2

资料来源：2008—2017 年玛多县国民经济和社会发展统计公报。

“十二五”期间，玛多县共接待游客 18. 88 万人，实现旅游收入 10891 万元，分别比“十一五”期间增长 3. 0 倍和 5. 2 倍。在接待游客人数方面，玛多县 2016 年接待游客 6.59 万人，2017 年接待游客 9.25 万人，增长 40.4%；在旅游收入方面，2016 年为 4583.6 万元，2017 年增加到 6295.2 万元，增长了 37.3%。黄河源景区已成功创建国家 AAAA 级旅游景区，县域内还有 AAA 级景区 2 处，已形成由格萨尔博览园、星宿海、扎陵湖、鄂陵湖、牛头碑等 8 个旅游经典核心景区组成的“尕追根溯源”旅游精品线路。近年来，随着社会经济的发展及旅游知名度的提升，玛多县旅游业发展势头大好，旅游人数连年增长，旅游收入更是成倍增加，为玛多县经济繁荣贡献了力量。“十二五”期间，玛多县投资 4661.8 万元建设重点项目 6 个，旅游基础设施明显改善，接待条件明显提升。此外，玛多县相关试点工作进展扎实。2016 年，按照《三江源国家公园体制试点黄河源园区实施方案》要求，结合职能转变和大部门制机构改革，玛多县组建了黄河源园区管委会和乡（镇）村生态保护管理站（队），划转调配了 55 个编制岗位。建立健全生态公益岗位设置管理制度和考核体系，完成了全县 2167 名（园区内 1684 名）生态管护员的培训上岗，并实现动态管理，以及“户均一岗”全覆盖。玛多县生态旅游工作开展情况见表 4-1-4。

表 4-1-4 玛多县生态旅游工作开展情况

时间	相关工作/活动
“十二五”期间	黄河源景区入口服务区、公路干线旅游公厕、游客服务中心、三江源国家公园黄河源园区大门、自驾车营地、“尕追根溯源”旅游精品线路
2016 年	三江源一期工程项目验收、5 个三江源续建项目完工、生态环境质量考核、环境空气及地表水水质监测采样、组建黄河源园区管委会和乡（镇）村生态保护管理站（队）
2017 年	生态管护员培训上岗、三江源二期工程

资料来源：根据调研资料整理。

1.2.2 长江源园区生态旅游业发展现状

长江源园区包括玉树州的曲麻莱县和治多县两个县。

1.2.2.1 曲麻莱县生态旅游业发展现状

曲麻莱县生态旅游工作开展情况见表 4-1-5。

表 4-1-5　曲麻莱县生态旅游工作开展情况

年份	主要工作/活动
2016	巴干寺传统的溜冰节、首届“格萨尔”赛马艺术节、首届黄河源游牧文化旅游节、编排大型舞台剧《岭·格萨尔赛马称王》
2017	巡护道路建设工程、三江源二期黑土滩治理工程、草原有害生物防控工程、法律法规的宣讲工作

资料来源：根据调研资料整理。

2016 年，曲麻莱县接待游客 1.97 万人次，旅游收入达到 1283.75 万元。2017 年，接待游客 3.21 万人次，是 2016 年游客数量的 1.63 倍，旅游收入 2085.85 万元，较 2016 年增长了 62.48%。在探索生态旅游发展的过程中，曲麻莱县积极开展黄河源头、尕朵觉悟、夏日寺 AAA 级景区申报工作，开发并成功举办了一系列文旅活动，如首届黄河寻根溯源国际自驾车旅游文化节、首届巴颜千年盐湖生态民俗旅游文化节、首届“格萨尔”赛马艺术节、首届黄河源游牧文化旅游节、首届尕朵觉悟徒步转山节等。对已有文旅活动也进行了优化升级，如 2016 年 4 月举办了第五届格萨尔王赛马活动，2016 年 7 月举办了第四届“中华水塔”国际越野行走、巴干寺传统的溜冰节等。投资 100 余万元编排大型舞台剧《岭·格萨尔赛马称王》，在国内多个城市进行巡演，取得了一定的宣传效果。根据三江源国家公园管理局关于“绿盾行动”的安排，对生态资源保护情况、野生动物保护情况、植被情况、人为活动情况进行了巡护检查，划定生态保护红线面积 35882.2 平方公里。

在生态旅游产业扶贫方面，曲麻莱县投入财政扶贫资金 600 万元，依托玉树州环州公路，开展麻多乡郭洋村、狄智乡格麻村、合作自驾车（牧家乐）营地 3 个项目，项目建设年限为 2018—2020 年，提供旅游咨询、餐饮、住宿、医疗、应急救援、车辆维修保养等服务。

在旅游宣传和人员动员方面，截至 2017 年 12 月，生态保护站通过相关选聘程序，正式确定“一户一岗”生态管护员 1502 名。截至 2018 年 6 月，曲麻莱县管理处干部职工共参加三江源国家公园管理局培训班 5 期，参加人数 200 余人，培训内容包括对三江源国家公园体制试点国家政策解读、生态保护法律法规、生态环境保护以及国有自然资源资产管理基础理论。通过培训，有关人员对相关政策、法规及理论有了更加深刻的认识。组织相关力量赴园区两乡所辖的各村社开展十九大精神和《三江源国家公园条例》《三江源国家公园总体规划》等相关法律法规宣讲工作。

1.2.2.2 治多县旅游业发展现状

三江源国家公园总面积约 12 万平方公里，其中，治多县占 6 万多平方公里。治多县拥有独特的民俗历史文化和生态旅游资源，是青海省潜在的“王牌旅游资源集聚区”，发展生态旅游、文化旅游和探险旅游拥有先天优势。2015—2017 年治多县旅游情况及生态旅游工作开展情况见表 4-1-6 和表 4-1-7。

表 4-1-6 2015—2017 年治多县旅游情况

指标	2015 年	2016 年	2017 年
旅游人数（万人）	3.77	4.61	6.02
旅游收入（万元）	1885.2	2998.5	3915.42

资料来源：《治多统计年鉴 2018》。

表 4-1-7 2015—2017 年治多县生态旅游工作开展情况

年份	开展工作/活动
2015	组建文物保护队、首届嘎嘉洛文化旅游节暨康巴拉伊文化节、全国“康巴拉伊”文化学术研讨会、“米琼杯”中国藏族情歌大赛
2016	中国玉树首届雪域格萨尔文化艺术节、第二届“中华水塔”徒步行国际越野延伸赛治多站
2017	《嘉洛婚俗》《扎杨藏药》《嘉洛山水颂词》《康巴谚语》等非遗申报、第三届全国嘎嘉洛文化学术研讨会暨三江源国家公园长江源区水文化节、第二届嘎嘉洛文化旅游节、第三届嘎嘉洛文化学术研讨会暨第二届长江源生态水文化节

资料来源：根据调研资料整理。

2015 年，治多县旅游人数为 3.77 万人，实现旅游收入 1885.2 万元；2016 年，治多县接待游客 4.61 万人，获得旅游收入 2998.5 万元；2017 年，旅游业发展持续向好，旅游人数达到 6.02 万人，旅游收入更是实现大幅增长，达到 3915.42 万元。县域内有国家级文物保护单位 3 处，即贡萨寺旧址、宗喀巴大殿和玉树古墓群；省级文物保护单位 2 处，即长江楚玛尔“七渡口”和江庆“甘珠尔”石刻经文墙。治多县依托本土文化，开展了一系列生态文化旅游活动，如嘎嘉洛文化旅游节暨康巴拉伊文化节，活动展示了格萨尔赛马文化、格萨尔嘎嘉洛文化和格萨尔牦牛文化。本土原创歌舞剧《嘎嘉洛婚庆大典》作为非物质文化遗产，先后在四川成都、青海西宁等地进行了专场演出及汇报演出。治多县还被国家民委、省民委、省文联授予“康巴拉伊”

文化之乡。

1.2.3　澜沧江源园区生态旅游业发展现状

杂多县努力打造“澜沧江源第一县”“长江南源第一县”“中国虫草之乡”“中国雪豹之乡”“中国雪域牦牛文化发祥地”“雪域山歌之乡”“格萨尔说唱艺术之乡”等，有效整合民俗文化、旅游资源，积极创建集山、江、庙、歌、舞于一体的风情精品旅游路线。杂多县生态旅游工作开展情况见表 4-1-8。

表 4-1-8　杂多县生态旅游工作开展情况

年份	开展的工作/活动
2016	成立民俗旅游接待中心、三江源第二届牦牛文化节暨首届澜沧江源雪域山歌节、澜沧江昂赛大峡谷国际自然观察节、首届澜沧江源风情文化旅游节暨杂多虫草交易会、国际雪豹论坛、格萨尔王学术论坛、长江南源科考 3 次、澜沧江源漂流 5 次、拍摄微电影《源来》
2017	建成年都村旅游扶贫游客接待中心、自驾车（牧家乐）营地
2018	昂赛高原地质奇观景区基础设施建设、昂闹村温泉扶贫旅游项目

资料来源：根据调研资料整理。

杂多县的热门景区有澜沧江源、长江南源、喇嘛诺拉神山、瓦里神山、昂赛灌木林区、巴艾涌丹霞地貌等。杂多县结合自身生态资源特点，开展了一系列文化旅游活动，如牦牛文化节、昂赛大峡谷国际自然观察节和全国格萨尔王学术论坛等。2016 年 8 月，山水自然保护中心与三江源国家公园澜沧江源园区管委会签订 2016—2019 年战略合作备忘录。杂多县充分调动牧民自主创办原生态牧家乐，打造高原藏区特色旅游路线。杂多县现已建成度假村 4 个（见表 4-1-9），为乡村生态体验式观光旅游提供了基础保障。

表 4-1-9　杂多县度假村统计

名称	地点	可容纳游客（人/次）
神山度假村	瓦里神山	200
涯卓生态牧家乐	斯日寺下滩	150
格肿牧家乐	斯日寺上滩	160
江源度假村	赛曲滩	230

资料来源：根据调研资料整理。

在乡村旅游产业扶贫方面，2017 年，杂多县昂赛乡年都村旅游扶贫游客接待中心建设项目启动。年都村的巴艾涌具有相当丰富的旅游资源——不仅有在高海拔地区少见的原始森林，还有令人惊叹的丹霞地貌景观。该项目建设了具有现代特色和地区风貌的游客服务中心一处，总投资300万元，项目实施后，可使贫困户户均新增收入2060.19元，人均新增收入580.94元。此外，依托玉树州环州公路修建自驾车（牧家乐）营地，建设年限为2018—2020年，财政扶贫资金900万元，提供旅游咨询、餐饮、住宿、医疗、应急救援、车辆维修保养等服务。

1.3 三江源国家公园生态旅游业发展SWOT分析

1.3.1 优势

（1）生态旅游资源丰富

三江源地区生态资源储量丰富，既有壮丽的自然景观，又有民族特色。

（2）历史文化积淀深厚

生态旅游展现的不仅仅是优美的景色，还有深厚的文化积淀。三江源地区蕴含民俗文化、历史文化、游牧文化、佛教文化等。此外，留存着像格萨尔王王妃珠姆宫殿遗址、莫格德哇古墓群遗址等大量史前人文遗址遗迹。

1.3.2 劣势

（1）生态旅游业发展形式单一

受地理及气候等因素影响，三江源地区社会经济发展较为落后，旅游从业人员受教育程度普遍不高，严重制约了当地生态旅游业的发展。三江源国家公园生态旅游产品的开发形式仍处于初级状态，以观光为主。

（2）生态旅游资源分布较为分散

三江源国家公园地域范围内各县域对于本区域生态旅游资源的规划和开发各有不同，对生态旅游资源的片状管理无法集中，旅游产品的组合设计在一定程度上影响着当地生态旅游业的发展。

1.3.3 机遇

（1）相关政策支持

生态旅游是旅游业新的发展趋势，政府越来越重视，并在政策和资金等方面给予支持。三江源国家公园地理位置特殊且生态旅游资源十分丰富。三江源地区是“一带一路”沿线主要地区，当地政府大力扶持当地居民参与生态旅游开发建设，为当地牧民转移就业、增加收入提供了新的路径。

（2）旅游消费方式及观念的转变

生态旅游越来越受到游客的青睐。国民收入水平的极大提高为旅游消费提供了资金保障，旅游消费形式逐渐转变为回归大自然的生态旅游。三江源国家公园具有独特的生态旅游资源优势，开发独具特色的生态旅游模式，定会使其成为新的爆点旅游目的地。

1.3.4　挑战

（1）自然环境恶劣，生态承载力薄弱

三江源地区处于青藏高原腹地，平均海拔在 4500 米以上，是典型的高山高原气候，年降水量少，日照时间长，辐射强。冬季漫长，寒冷干燥多大风；夏季短促，多雨温凉，自然灾害（如雪灾、旱灾、冻灾、涝灾和冰雹等）频发。2010 年 4 月，玉树州发生 7.1 级强震。在重建工作中，为满足砂石需求，上百家采砂场到核心区和缓冲区开采砂石，长江干流源头的通天河被挖得支离破碎。同时，由于气候变化和经济开发，高山草地悄然发生变化——面临过度放牧和气候变化引起的荒漠化与冰川融化等环境退化问题，大片宝贵的草地、湿地正在变成荒漠。大部分地区退化草场已达到可利用面积的 40% 以上，一些珍稀物种如雪豹、藏野牛、白马鸡和普氏原羚等，种群数量不断减少，甚至濒临灭绝。三江源水源涵养功能下降，鄂陵湖出水口出现了历史上首次长时间断流，缺水问题直接威胁着长江、黄河流域的水资源可持续利用和生态安全。在敏感脆弱的生态环境下，未来旅游人数的增加可能给当地珍稀动物保护和生态承载力带来巨大挑战。

（2）专业人才匮乏

专业技术人才匮乏是三江源国家公园生态旅游业发展的重要影响因素。目前，国内对于生态旅游业的研究还处于起步阶段，缺少足够的生态学与旅游业融合发展案例，兼有生态学知识和旅游业发展经验的专业人才十分稀缺。此外，生态旅游业的发展需要多部门同心协力、联合推动，但各部门生态旅游资源开发方面的专业人才也很稀缺，很难给出专业性的指导意见。

（3）品牌竞争力不足

生态旅游已经成为当今旅游业发展的新趋势，国内大部分省份依托当地特色发展生态旅游，如距三江源国家公园地理位置较近的西藏、新疆等地。在选定旅游目的地时，游客多会选择知名度较高的旅游景区，目前三江源国家公园已有旅游品牌不仅数量较少，而且知名度较低。在创建和设计生态旅游产品时，应跳出同质化怪圈，实现“人无我有，人有我独”，这是三江源国家公园探索生态旅游道路上的又一挑战。

（4）对配套设施提出更高要求

三江源国家公园发展生态旅游有着天然的优势。随着国民物质精神财富的增加和鉴赏能力的提高，他们对旅游目的地的要求也越来越高。面对游客更高层次的体验需求，三江源国家公园的基础配套设施建设及服务优化等工作成为一项重要而艰巨的长期任务。

第2章 生态旅游与大众旅游对比分析

2.1 生态旅游与大众旅游的起源及概念

2.1.1 生态旅游的起源及概念

社会经济的高速发展带给我们丰富的物质文明，与此同时，我们生活的环境却遭到严重破坏。人们逐渐意识到生态环境的重要性，开始寻求一种新的、区别于大众旅游的、以保护环境为前提的旅游方式。自 20 世纪 80 年代被提出，生态旅游就受到广泛关注。我国对生态旅游的探索始于 1992 年。

随着社会对生态旅游关注度的提高，以及生态旅游的变化发展，其概念和内涵愈加一致化，即以可持续发展为理念，以实现人与自然和谐为准则，以保护生态环境为前提，依托良好的自然生态环境和与之共生的人文生态，开展生态体验、认知和教育并获得身心愉悦的旅游方式。

2.1.2 大众旅游的起源及概念

20 世纪后半叶，二战结束后的西方发达国家处于经济恢复阶段，许多家庭出于休闲和放松的目的外出。国内外学者对于大众旅游的起源有较多争议，目前比较认可的说法是，19 世纪末 20 世纪初，包价旅游和旅行代理商的出现，标志着大众旅游进入人们的视野。

大众旅游是指满足大众去特定区域享受特殊体验，在某一特定区域人员集中程度较高的一种旅游形式。大众旅游是旅游业中参与度最高的一种旅游形式。

2.2 生态旅游与大众旅游的对比

生态旅游与大众旅游的对比见表 4-2-1。

表 4-2-1 生态旅游与大众旅游的对比

序号	对比指标	生态旅游	大众旅游
1	旅游规划	注重生态效益和社会效益，强调对自然、社会、人类生活质量的提高	当作经济产业进行规划，重视经济增长，追求利润最大化
2	影响旅游开发的主要因素	对资金、环境、知识等因素进行综合考虑	资金投入为主要因素
3	旅游资源类型	自然景观，以及处于自然景观中的人文生态景观	以人工景观为主，如古建筑、主题公园、商业区等
4	主要参与者	政府、社区居民、生态旅游者、旅游企业、NGO 等	旅游开发商、企业、游客、政府等
5	社区参与程度	较高	较低
6	发展速度	慢	快
7	占旅游市场的份额	3%~30%	占绝大多数份额
8	可持续性	以保护资源、环境为前提，坚持人与自然可持续发展理念	很难维持人与自然和谐共生的关系，致使环境难以可持续发展
9	涉及学科	旅游学、生态学、社会学、经济学、政治学、地理学、景观学、人类学等	旅游学、经济学、社会学等
10	旅游形式	多样化，强调深度体验	单一化，甚至走马观花，体验深度不够
11	游客人数	合理设置游客接待上限，对游客数量进行严格控制	对游客数量一般没有特殊限制
12	对游客的行为管理	有一定的管理和控制	一般没有特殊控制
13	旅游主体	偏好原汁原味的自然风貌、特色文化，适合环保意识较强的游客	适合喜欢观光和度假的较为传统的游客
14	游客特征	中青年居多，文化水平较高	年龄层跨度大，文化水平参差不齐
15	游客的景区偏好	比较看重目的地的整体形象和生态环境	比较看重知名度、流行度、舆论热度和特殊纪念意义

续表

序号	对比指标	生态旅游	大众旅游
16	选择目的地时的距离偏好	以就近原则为主	以舍近求远为主
17	游客的住宿偏好	有地方特色的民宿等	偏好价格实惠、交通便利的传统酒店
18	出行时间	无明显季节偏好	有季节偏好，多选择节假日
19	出行方式	多以自助形式出行（自驾游等）	方式多样（汽车、火车、飞机、轮船等）

本章结合调研结果，仅从以下四个方面进行对比分析：

第一，最直观的差异就是旅游形式。说起大众旅游，我们眼前首先浮现的就是黄金周旅游景区拥挤的人潮，而说到生态旅游，我们首先想到的则是山清水秀的自然风光，这是人们感性层面最直观的区别。

第二，二者在旅游资源上有所不同。生态旅游必然要求以良好的生态环境做支撑，再点缀以自然和人文景观，提供真实的生态体验，更偏向于对自然美的欣赏。大众旅游则包罗万象，以人工景观为主，有些景观“只可远观而不可亵玩焉”，有些新生景区迅速成为网红景点，受到游客的大力追捧。

第三，从旅游参与者来看，生态旅游的游客以中青年为主，他们文化水平较高，多居住在繁华的城市，生态旅游让他们找到了一方净土——这里空气清新，环境优雅，在拥抱自然的同时让人身心愉悦。大众旅游的游客则既包括老人又包括襁褓中的婴孩，他们文化水平参差不齐，多以团体形式出游。

第四，在景区发展与管理方面，生态旅游更注重对环境的保护，因为生态环境就是景区的“名片”。同时，对来访游客数量会有科学合理的限制，对游客的行为要求也更高。大众旅游主要依靠旅游资源吸引游客，目的是实现更大的经济效益，多数景区很少考虑长远发展，忽略了对环境的保护和修复。由于重心放在经济效益上，大众旅游一般不会对游客的数量和行为进行管控。可见，生态旅游发展较为缓慢，但注重生态环境的可持续性，希望给予游客心理慰藉，通过环境教育激发游客对环境负责任的行为，从而实现良性循环。大众旅游发展迅速，主要目的是实现经济价值，游客多以自我满足为目的，很少关注身边的事物和环境。

2.3 生态旅游的影响因素

2.3.1 区域经济发展水平

某一区域发展生态旅游需要以实际的社会经济发展情况作为基础，社会经济发展水平的测度指标较多，不仅包括经济实力，还包括科技水平、居民知识素质等。区域经济发展水平影响着生态旅游发展的全过程。首先，区域经济发展水平影响生态旅游开发阶段的投资规模，经济发展水平更高的地区往往投资力度更大。其次，区域经济发展水平会对生态旅游景区的维护和持续开发产生影响。在实际生活中，不少地区建设了生态旅游景区却没有能力使其可持续发展，对景区给环境造成的破坏和污染也无力治理。最后，区域经济发展水平还会直接影响生态旅游景区的就地旅游吸收度和消费能力。在社会经济快速发展的时代背景下，生活节奏越来越快，人们对时间的利用程度也越来越精细化，周边游备受青睐。如果某一地区本身就有一定的客源吸收度，加上外来游客，必然会取得较好的经济效益，这些经济效益又可投入对生态旅游景区的维护和再建设中，从而实现良性循环。

2.3.2 决策指向性与开发指向性

政府有关部门或企业的决策指向同样会对生态旅游的发展产生较大影响。在生态旅游资源较丰富、位于城镇或距离城镇较近的地区，可以发展生态旅游，这样在保持景区生态样貌的同时，可为生态旅游者提供较好的体验。若决策指向偏重经济效益，也可在周围修建抓人眼球的人工景观发展大众旅游，使该地区成为集自然风光与现代建筑于一体的综合性旅游目的地，满足游客对自然、人文、科技等的综合性需求。

生态旅游景区的建设一般由政府主导进行社会招标。我国各级政府对生态旅游所持的态度都是积极的，在土地、资金和政策上也往往给予较大的扶持力度。而开发者一般以营利为首要目标，生态旅游较一般旅游形式而言，对开发者在生态环境开发利用方面的专业化程度、对生态环境的保护和修复能力、社会责任感以及经营管理的科学性等方面都有较高的要求。在实际开发过程中，经常出现选址不科学、相关设施设计不合理、后期维护力度不够、经营管理能力跟不上等问题，与生态旅游景区建设规划中可持续发展的初衷相悖。

2. 3. 3　社区居民态度

因对生态环境的特殊需要，生态旅游需要社区居民参与。社区居民对生态旅游的态度和参与度直接影响着生态旅游的发展。社区居民与生态环境之间是一种依存关系。进行生态旅游开发，有可能打破社区居民的生活常态，甚至对当地文化、社会风气、观念及经济产生较大影响。这种影响是把“双刃剑”，有利于促进当地社会经济的发展进步，有利于加强生态环境的保护等，但也可能带来一些负面影响，如生态环境被破坏，物价、房价增长等。生态旅游开发必须得到当地社区居民的同意和支持，否则很难开展下去。

2. 3. 4　旅游理念的转变和更新

生态旅游是旅游业发展的新趋势，社会大众对其真正内涵的理解存在较大偏差：普遍认为旅游资源仅仅是以自然生态环境为主，并未认识到生态旅游蕴含的生态可持续发展理念，其深层次内涵在于促进自然、社会、人们生活水平的综合提升。若生态旅游在品质上有较高的层次设计，而游客在主观思想上没有进行知识更新和观念转变，则后者很难与生态旅游的发展层次相匹配。尽管我们希望看到更多生态旅游体验者，也愿意接受生态教育，但目前还无法通过技术手段对游客做出精确甄别，若一些游客仍然以传统旅游的观念去体验生态旅游，则很难保证从源头上杜绝不文明行为，这必然对生态旅游的健康发展产生较大的负面影响。

第3章 三江源国家公园生态旅游业创新发展模式构想

青海省旅游业以往采用的是传统的景点旅游模式。传统的景点旅游是单一景区建设管理，以门票经济为主的一种粗放、低效的旅游发展模式。要使生态旅游产业成为拉动地区经济的主要力量，三江源地区需要以国家公园建设为契机，结合本地区的实际情况对生态旅游产业进行创新。

2017 年，青海省十二届人大常委会审议通过了《三江源国家公园条例（试行）》，这是我国首部专门对国家公园出台的体制试点条例，在保护、建设、管理等方面对三江源国家公园提出了标准化要求，为实现自然环境与生态环境的有效保护和健康可持续发展，维护国家自然环境与生态环境安全提供了制度保障。在保护和开发利用层面，该条例明确要求："三江源国家公园按照生态系统功能、保护目标和利用价值划分为核心保育区、生态保育修复区、传统利用区等不同功能区，实行差别化保护……除生态保护修复工程和不损害生态系统的居民生活生产设施改造，以及自然观光、科研教育、生态体验外，禁止其他开发建设。"

在社会分工日益细化的今天，各部门的长足发展更加需要其他部门的通力合作，但这并不意味着某一部门会与其他所有部门都产生合作关系。以旅游业为例，那些所出产品被旅游业消耗较多的产业部门，与旅游业发生了最直接的关系，如住宿与餐饮、交通运输等行业。旅游业的快速发展，使其与这些产业部门形成了较为成熟的合作关系。此外，还有一些产业的产品虽然没有被大量地消耗在旅游业中，但并不能断定其与旅游业的关联较小或没有关联。科技发展到今天，人们生活的方方面面都因创新发生着深刻的变化，在旅游业创新发展的道路上，越来越多的新型"旅游+"模式应运而生。例如，"旅游+互联网"，在信息化高速发展的今天，人们通过网络可以了解到更多的旅游信息——不仅可以通过网络看到景区的图文信息，在线购票、预约等服务更是节约了时间等成本，甚至运用 VR 技术，可以让更多出行不便或时间有限的居民足不出户就实现感官融入式全景观赏，达到身临其境的效果。“旅游+文化”模式目前应用最广泛。随着社会精神文明的进步，旅游目的地已不局限于名山大川等自然景观，越来越多的人开始关注文化、历史等领域，许多历史人文遗迹、民族民俗地区，甚至博物馆、文化馆等迎来了一批又一批的游客。“旅游+农业”是近年一大新兴热门模式，远离城市喧嚣、回归乡村田园成为新的旅游趋势。相应地，一些农家乐、牧家乐、农耕体验园、果蔬采摘园如雨后春笋般涌现，既为农民实现就地创业就业提供了可能，也开创出“周边游”的旅游形式，让时间不够充足或旅游经费有限的人们在有限的时间里达到陶冶情操、亲近自然的目的。当前我国生态旅游仍处于探索初期，三江源地区应以《三江源国家公园条例（试行）》为准则，以保护自然生态及文化遗产的原真性和完整性为目标，注重产业融合带来的正向效益，多借鉴已有成功案例，探索“生态旅游+”模式。具体来说，可进行以下三种生态旅游发展路径探索。

3.1　“生态旅游+教育”，生态求知之旅

三江源地区是长江、黄河、澜沧江的发源之地，不仅哺育了江河两岸数亿人口，还孕育了灿烂的中华文化。三江同源，在全球范围内属于独一份的存在，加上地理位置特殊，气候寒冷，冰川雪山林立，水源充足，有我国面积最大的天然湿地分布区，对亚洲甚至全世界的气候起着调节作用。这里不仅是重要的水源涵养地，还是全球范围内罕有的生物基因库，具有独特的生态环境教育和示范意义。一般而言，旅游者进行旅游体验主要出于对特定生态文化的感知、认识和互动。具有独特生态环境教育意义和文化求知价值的三江源国家公园，在生态旅游产品开发和规划设计时，既要紧紧抓牢三江源地区生态环境保护这个基础，又要对各种生态旅游吸引力要素进行细致梳理，扩展生态文化的联想空间，提升生态环境教育和文化教育的体验层次。可开展以科普教育为主要目的的农业生态旅游，目标旅游群体主要为儿童、青少年及对农业知识、科学自然知识感兴趣的城市游客，可以采取展示动植物生长过程、农牧文化历史发展、三江源地区生态环保知识等形式，适当引入动手设计、体验生产等互动活动来提升吸引力。

“生态旅游+教育”发展模式如图4-3-1所示。

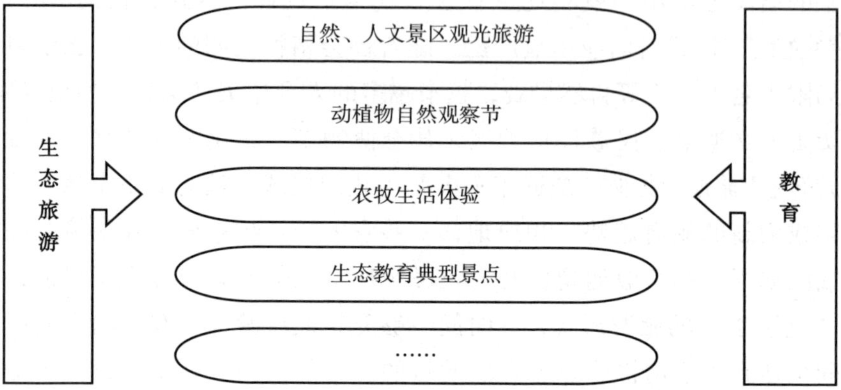

图4-3-1 “生态旅游+教育”发展模式

“生态旅游+教育”发展模式已经在三江源地区有了一定的发展。例如，2016年8月，杂多县政府和山水保护中心在昂赛联合举办了一次自然观察节活动。活动共雇用司机和导游15人，劳务报酬为每人每天500元，食宿和交通费用均由杂多县政府承担，为期4天的活动共耗资100万元。此次活动共邀请40多位自然爱好者和300多位当地牧民参与，主要内容为观鸟和自然摄影比赛。通过亲身参与，参加者既观赏到了高原动植物与大自然和谐共生的生动画面，对各种动植物、自然现象、地理知识也有了一定的认知。此次活动实质上是一次国家公园生态旅游的实操试验，也对该地区的动植物进行了一次简单的背景调查。可将这种形式的生态旅游发展为一种常规的运营模式，不仅可以传播生态文化，发挥生态教育作用，还可增强当地牧民的主人翁意识，为他们增添新的收入来源。经第41届世界遗产大会审议通过，可可西里申请成为自然遗产。这里素有“人类禁区”之称，是世界上人类认知甚少的地区之一，对世界生物研究、地学研究、地质考察等具有重要意义。在昆仑山口，矗立着一座由民间募资修建的纪念碑——纪念1994年在抓捕押送盗猎者过程中不幸牺牲的玉树州治多县西部工委会书记杰桑·索南达杰。他被誉为“可可西里野生动物保护第一人”，他的牺牲唤醒了社会大众对可可西里这片藏羚羊最后栖息地的真正关注。在他牺牲后的短短3年里，可可西里先后成为“省级自然保护区”“国家级自然保护区”。如今，杰桑·索南达杰纪念碑已成为那些尊重自然、保护生态意识较高游客的旅游目的地，无数游客来此纪念合影。

3.2　"生态旅游+文化"，民俗体验之旅

青海省是一个多民族团结共同发展的省份，三江源地区主要生活着藏族、汉族、蒙古族、回族等。我国的人文生态旅游产品以民族文化村寨为主要形式，包括观光、体验和科考等。三江源地区人文生态旅游资源具有文化内涵丰富、富有民俗特色、开发保护难度较大等特点，在保护、开发和利用时，应以打造国家级"原生态民族文化旅游"为目标，在节日多、特色鲜明、服饰靓丽的三江源典型民俗文化聚集地实施生态文化保护工程。打造生态休闲型旅游目的地，应充分挖掘和融合具有民族特色的手工艺、绘画艺术、舞蹈艺术等，展示三江源地区人文生态的原生性。这里藏传佛教文化气息浓郁，可通过拜神山圣湖、访佛家寺院，或者旅居民族风情园，切身感悟宗教文化的神秘气息，切实体验具有民族特色的餐饮居行和民俗文化。

"生态旅游+文化"发展模式如图4-3-2所示。

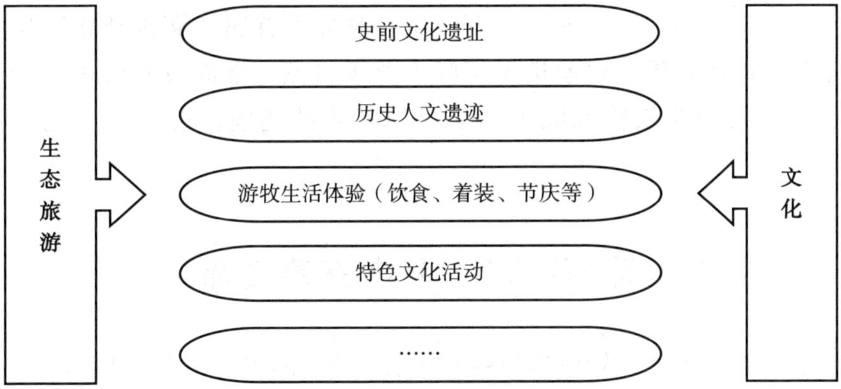

图4-3-2　"生态旅游+文化"发展模式

在旅游品牌吸引力方面，最具独特性的是杂多县萨呼腾镇"中国虫草第一镇"景区。冬虫夏草含有蛋白质、热量、脂肪和微量元素等，营养价值较高，具有调节肝脏功能、增强抗病毒能力、抗肿瘤、抗疲劳等功效，其药用价值极高。杂多县萨呼腾镇生长的虫草具有个头大、质地佳、成色好、头孢长等特点。近年来，随着人们对健康生活的关注度逐渐提高，养生类产品越

来越受到市场青睐。在杂多县的青青草地上，生长着品质极佳的冬虫夏草，杂多县通过建立和打造“中国虫草第一镇”品牌，吸引越来越多的游客前来，了解虫草生长过程，体验牧家生活。牧民支起藏式炉灶，酿酸奶、烧奶饼、煮手抓，让外来游客切身体验原汁原味的草原牧家生活。三江源地区还开展了一系列文化旅游节，这也是对“生态旅游+文化”发展模式进行的探索。例如，2018 年 8 月举办的中国·青海·玉树曲麻莱县首届江河文化论坛会暨第二届“同饮黄河水，共筑中华梦”生态文化旅游节，依托黄河文化，充分挖掘曲麻莱县旅游文化内涵，进一步推进生态保护、生态文化、游牧文化和自然环境的融合发展，以期实现弘扬民族文化、丰富人民文化生活、促进旅游业与文化产业融合发展的目的。一系列活动安排紧扣河源文化主题，将民俗特色活动、河源文化和宗教文化巧妙串联起来。江河文化学术论坛邀请了黄河源园区委员会、省委相关领导，省林业环保厅、国土厅和国家公园管理处主要负责同志，还邀请了数名海外知名学者和省内知名学者担任嘉宾。此次会议在学术水平上达到了一定的高度。此外，活动还邀请了人民日报（青海）、新华社青海分社、中新社青海分社、青海日报、青海电视台、玉树州电视台，以及主流网络媒体（人民网、央广网、山水微博）的相关人员参与，负责宣传工作。2017 年 8 月，昂赛大峡谷举办了首届“澜沧杂多”国际河流音乐节。此次音乐节还邀请了国际上尊重自然、崇尚自然音乐的音乐人与藏族音乐人和非遗传承歌手一起进行音乐的碰撞，搭建了文化交流的桥梁。

3.3 “生态旅游+体育”，科考探险之旅

三江源地区平均海拔为 3500~4800 米，域内的可可西里山和唐古拉山脉横亘其间，雪山冰川广布，高大山脉雪线以上积雪终年不化，这些山脉海拔普遍在 5000~6000 米。当地政府应结合雪山冰川广布的生态环境资源，探索山顶保护、山腰适度开发、山脚合理开发的山地型生态旅游，充分考虑山地资源的整体性和山地景观资源的垂直地带性分布规律，以三江源地区山地生态环境为载体，开展山地科考、登山、滑雪、漂流、探险等山地生态旅游体验活动。三江源地区为少数民族聚居地区，传承着极具特色的民族传统体育活动，如赛马、登山、漂流、转山等。同时，这里有佛教文化，在登山探险

的同时，游客可以体验山川佛教文化的神圣和静谧。“生态旅游+体育”模式的发展，不仅可以满足居民多样化的旅游、健身等综合需求，还可以有效增加就业和培育新的经济增长点。

“生态旅游+体育”发展模式如图 4-3-3 所示。

图 4-3-3 “生态旅游+体育”发展模式

近年来，三江源地区依托当地传统体育资源，创新开展“生态旅游+体育”相关活动，推动地区生态旅游发展。2017 年，曲麻莱县政府申报的“巴干寺溜冰节”入选青海省第五批省级非物质文化遗产名录。巴干寺作为长江上游重要的藏传佛教寺院，每年举行法会和庙会，并在藏历新年首日举办已有 460 多年的“枭尕溜冰”冰上运动。这项运动使用的工具由牛粪经特殊工艺加工后制成，具有良好的滑行性能，充分体现了藏族群众的智慧。将此类非遗项目融入生态旅游，既赋予传统文化新的时代内涵，又实现了对传统文化的保护与传承。

2017 年，三江源地区先后举办了第二届乃帮马术节、第四届“中华水塔”国际越野行走大赛等活动。这些活动通过传统体育形式，让参与者在体验运动乐趣的同时，深切感受到当地的自然与人文魅力。同年 7 月开展的扎曲大峡谷漂流活动，为开发水上旅游产品提供了实践参考。此外，在青海省对外开放的山峰中，位于三江源地区的有 5 座（见表 4-3-1），三江源地区也由此成为登山、探险的理想之地，为“生态旅游+体育”模式的探索与开发提供了资源保障。

表 4-3-1 青海省三江源地区对外开放山峰

山峰名称	海拔高度（米）	所属山脉	地理位置
雅拉达则峰	5215	昆仑山脉	果洛州玛多县
措哇尕泽峰	4610	昆仑山脉	果洛州玛多县
马阑山	6056	昆仑山脉	玉树州治多县
五雪峰	5805	昆仑山脉	玉树州治多县
大雪峰	5863	昆仑山脉	玉树州治多县

资料来源：《青海统计年鉴 2018》。

第4章 三江源国家公园生态旅游业创新发展模式评价

三江源地区生态系统的保护与维护在全国乃至全球范围具有重大战略意义。在国家公园试点建设过程中，对生态旅游的探索必须以生态保护和修复为前提，将美丽乡村与休闲旅游相结合，连接农区和牧区，深度融合自然生态与人文生态，进行科学适度的开发利用。青海省人大常委会出台的我国首部国家公园条例《三江源国家公园条例（试行）》，对三江源地区的开发建设做出了明确的规范，是该地区生态旅游开发建设的指引。三江源地区应规范适度开展自然观光、科研教育和生态体验三种模式的生态旅游活动。

4.1 评价方法及指标选取

由于三种模式的生态旅游一脉同源，相互之间没有明确的界限，且彼此关联，难以通过定量分析方法进行决策，加上获取相关数据难度较大，应采用层次分析法对三江源国家公园生态旅游业发展模式进行综合评价。

本章遵循定量分析与定性分析相结合的原则，通过实地调查、查阅文献和问卷调查等方式，横向梳理各发展模式之间的差异化因素及各发展模式与国家公园实际情况的关联度和可行性，确定旅游资源要素价值、开发基础、社会经济生态效益为准则层指标，以及9个子准则层指标，如图4-4-1所示。

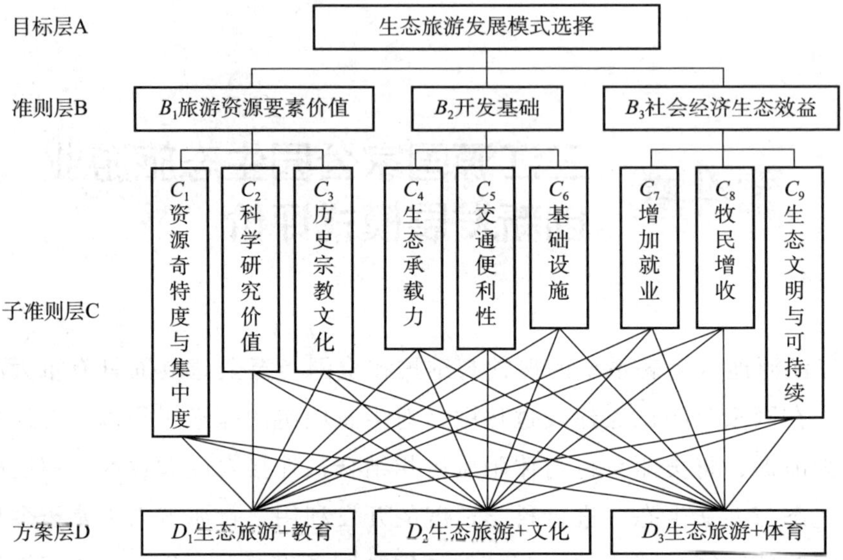

图 4-4-1 层次模型

4.2 发展模式的评价分析

关键性标度及其定义见表 4-4-1。

表 4-4-1 关键性标度及其定义

关键性标度	含义
1	两个指标对比，相互对等
3	两个指标对比，前一指标比后一指标稍重要
5	两个指标对比，前一指标比后一指标明显重要
7	两个指标对比，前一指标比后一指标格外重要
9	两个指标对比，前一指标比后一指标极其重要
2，4，6，8	上述表述的中间阈值
倒数	指标 i 与 j 比较得到 a_{ij}，j 与 i 比较得到 $1/a_{ij}$

通过计算得出的第二层指标对第一层指标判断矩阵的特征向量和特征值分别为

$$W=(0.297, 0.162, 0.541), \lambda max=3.009$$

计算一致性指标，$CI=0.004$，$CR=0.007<0.1$，通过一致性检验。

通过计算得出第三层指标对第二层指标判断矩阵的特征向量和特征值，分别为

$$W=(0.327, 0.413, 0.260), \lambda max=3.054$$

计算一致性指标，$CI=0.027$，$CR=0.047<0.1$，通过一致性检验。

通过计算得出第四层指标对第三层指标判断矩阵的特征向量和特征值，分别为

$$W=(0.196, 0.493, 0.311), \lambda max=3.054$$

计算一致性指标，$CI=0.027$，$CR=0.047<0.1$，通过一致性检验。

4.3　发展模式的评价结果

各项指标的权重见表 4-4-2。

表 4-4-2　各项指标的权重

指标/权重	B_1			B_2			B_3			总权重
	0.297			0.162			0.541			
	C_1	C_2	C_3	C_4	C_5	C_6	C_7	C_8	C_9	
D_1	0.196	0.648	0.257	0.528	0.104	0.149	0.558	0.163	0.625	0.485
D_2	0.493	0.230	0.638	0.332	0.258	0.160	0.320	0.297	0.239	0.313
D_3	0.311	0.122	0.105	0.140	0.638	0.691	0.122	0.540	0.136	0.202

各层评价指标的权重及排序见表 4-4-3。

表 4-4-3　各层评价指标的权重及排序

准则层	权重	排序	子准则层	权重	综合权重	排序
B_1 旅游资源要素价值	0.297	2	C_1 资源奇特度与集中度	0.327	0.097	4
			C_2 科学研究价值	0.413	0.123	2
			C_3 历史宗教文化	0.260	0.077	6

续表

准则层	权重	排序	子准则层	权重	综合权重	排序
B_2 开发基础	0.162	3	C_4 生态承载力	0.659	0.107	3
			C_5 交通便利性	0.156	0.025	9
			C_6 基础设施	0.185	0.030	8
B_3 社会经济生态效益	0.541	1	C_7 增加就业	0.178	0.096	5
			C_8 牧民增收	0.113	0.061	7
			C_9 生态文明与可持续	0.709	0.384	1

通过计算得出：

$$W=(0.485, 0.313, 0.202)$$

$CI=0.052$，$CR=0.090<0.1$，通过一致性检验。

采用层次分析法对三江源国家公园生态旅游业发展模式进行评价，结果显示，社会经济生态效益权重最大，为0.541，旅游资源要素价值和开发基础的权重分别为0.297和0.162，说明三江源国家公园在进行生态旅游探索的过程中，应该把社会经济生态效益摆在首要位置。生态旅游与一般旅游最大的不同就在于，它既能满足人民休闲放松、陶冶情操的需要，也是一种体验式、富有教育性和知识性的旅游形式，其核心在于生态旅游资源。三江源国家公园是我国第一个国家公园体制试点，不同于其他地区，这里生态旅游资源丰富，冰山湖泊纵横，动植物资源丰富；同时，这里是三江之源，生态环境较为脆弱，生态价值不可估量。

对比子准则层的9个评价指标，生态文明与可持续、生态承载力、科学研究价值权重排序位列前三，说明这三个指标在三江源国家公园开展生态旅游、设计规划生态旅游产品时最应受到重视。资源奇特度与集中度、历史宗教文化、基础设施的权重排序分别为第四、第五和第六，说明这三项指标的重要程度适中。三江源地区各类资源丰富，但集中程度不高，在发展生态旅游业时，应注意对生态旅游资源进行巧妙配置，重点突出生态旅游资源的独有性，同时连接周边其他资源，划分区块，形成生态圈。权重较小的指标有牧民增收、交通便利性和增加就业。权重小并不意味着这些指标不重要，只是相对于以上指标而言，重要程度不够明显。三江源地区地域广袤，地形复杂，由于交通不够便捷，很多生态旅游价值较大的资源保留着原始风貌，保护、开发和利用难度较大，许多生活在偏远牧区的牧民鲜少与外界联系。

生态旅游是在保护生态环境基础上开展的旅游教育活动，生态旅游产业的创新发展要建立在生态环境基础之上。在生态旅游产业发展中，不仅要注重对三江源国家公园的生态保护，还要注重对水和空气等污染物的治理，三江源地区生态保护和建设项目的完成情况也应考虑在内。

第5章 三江源国家公园生态旅游业创新发展的战略对策

基于三江源国家公园在自然地理、风土人情及资源等方面的特点，对其进行保护的过程中会出现很多问题，在制度保障、产品规划、基础建设、人才服务等方面都提出了更高要求。保护开发工作必须以生态保护为第一准则并贯穿始终。应抓住国家公园发展的新机遇，结合当地实际对三江源国家公园生态旅游产业进行创新，将重点工作放在生态环境教育与生态保护上。

5.1 持续健全法律法规，做好制度保障

目前，中央及青海省虽已出台了一系列制度与政策，但三江源国家公园尚处于探索建设初期，犹如摸着石头过河，在未来长期的保护开发工作中，难免会出现各种制度漏洞造成的突发情况。生态旅游作为一项绿色产业，财政收入与分配、社会参与、惠农政策等尚未形成成熟的体系。青海省政府、园区委员会等职能部门虽已组织专家学者、相关负责干部和工作人员对三江源地区生态旅游资源进行了初步考察，但形成的书面意见较少。为保障三江源国家公园生态旅游业的科学、持续性发展，相关部门在探索的过程中，应注意借鉴国外先进经验，充分结合三江源地区实情，及时开展稳健有效、科学公正的制度保障工作。不仅要对整体产业发展做出制度规划，还要围绕生态旅游活动开展情况，制定具体而明确的实施细则，加强运营团队的整体管理水平和对职业技术人员的培训，完善职业资格审查方法。

5.2 强化生态旅游教育，推进生态文明建设

构建生态旅游教育体系是发展生态旅游重要的途径之一。加强国家公园

生态旅游教育，一方面，要对旅游者进行生态教育，如在票据上添加环境警示标，通过园区宣传栏、路牌和广播等进行行为引导，在讲解词、导游词中加入环保相关的知识讲解等；另一方面，要加强对公园所有工作人员的生态环境保护知识培训，并在经过相应的考核后才准予上岗，最好要求持证上岗。同时，要对当地牧民进行国家公园相关政策法规的耐心讲解，提高当地牧民的生态资源保护意识。聘请专家担任技术顾问，在园区开发上进行严格把关，保证生态资源的可持续利用。加快生态文明建设的制度创新，将国家公园的建设融入区域协调发展、生态旅游精品打造、生态文明示范工程建设。

5.3 强化基础配套服务，健全监管机制

地理位置偏僻、气候条件差、社会经济发展相对落后等因素使三江源地区整体发展水平较低。开展生态旅游，相应的基础设施及配套服务必不可少。多数生态景观开发程度浅，且交通、通信、住宿、餐饮等配套服务尚不能满足实际需要。还有一些对基础设施要求较高的生态旅游项目，如登山、漂流等，对活动开展所需的物料和人员资质都有较高要求。在挖掘三江源国家公园生态旅游资源、对旅游产品进行规划时，应把基础配套服务列入计划之内，使基础设施服务与资源特性相协调，与生态项目建设同步。同时，健全监管机制必不可少。在规划建设时，应成立督察小组，对规划建设全程负责，杜绝为了项目建设而破坏植被、污染环境的现象发生。在生态旅游实施过程中，应专门设立园区、景区、景点监督管理岗位，提醒和监督入园游客保持良好的素质和风貌，杜绝不文明行为。三江源生态环境的保育修复工作是没有终点的，需要监管力量进行监督问责，以保障修复工作在数量和质量上均达到预期。

5.4 注重民族文化保护，促进社区参与

民族文化中蕴含着民族与时代的特征，是先辈智慧的体现。三江源地区少数民族众多，堪称“纳入民族文化、生产者和所有者的完整系统”。这里留存着大量史前文化、佛教文化遗迹。民俗文化体验是生态旅游的重要项目。三江源国家公园在进行生态旅游探索时，应着重做好群众动员工作，强化当地牧民保护生态的主体作用，使当地牧民享受到生态旅游发展带来的正向效益。另外，要牢牢抓住民族文化这一重点，将生态环境与民族文化充分融合，

设计开发特色鲜明、有一定文化教育意义的旅游产品。例如，建立生态文化博物馆，以开展生态教育和促进文化的传播与交流为主要功能；通过实地考察，科学选取某一民族村落，打造民族生态旅游村，将村落的自然风貌、民居住所、饮食、服饰、民族节庆等融进生态旅游产品开发，为生态旅游者展现醉人的自然风光和古朴纯粹的民族风情，提供原汁原味的民俗生态体验。

5.5 引进专业管理团队，培育人才队伍

三江源国家公园的管理经营需要当地牧民的深度参与，但牧区有较高知识素养和专业知识背景的人才十分稀缺。当前，三江源国家公园旅游从业人员的职业水平不高，管理能力也有待提升。可通过向国外国家公园相关部门寻求合作和帮助，借鉴相关经验，引进专业管理团队，促进自身发展。鼓励支持相关部门负责同志和优秀人才出国考察学习，聘请国外相关领域专家，组织开展生态旅游所涉项目的技能培训和岗前培训，保障人才队伍的理论水平和业务技能与生态旅游发展相适应。同时，要明白“打铁还需自身硬”的道理，涉及管理、经营和服务的人员要与时俱进。加大资金投入力度，加强旅游从业人员的知识与技能培训，拓展高校合作渠道，直接引进高校专业人才，壮大三江源国家公园的人才队伍。

5.6 充分挖掘媒体优势，加强宣传教育

新时代互联网对社会生活的渗透程度极高，可借助网络等媒体传播速度快、时效性强的优势，对三江源地区生态环境保护进行宣传教育，对三江源地区生态旅游资源进行广泛介绍，为三江源国家公园生态旅游业的发展提供宣传支撑。结合调研结果可知，目前网络上对三江源地区的介绍相对较少，甚至政府门户网站也存在信息缺失、信息陈旧等问题。三江源国家公园的建设，不仅要做脚踏实地的建设规划，信息教育、知识传播、攻略介绍等也必不可少。三江源国家公园宣传部门应强化与主流媒体的合作，通过邀请它们参加文化节、开幕式等，对已进行的生态旅游项目进行报道。开通国家公园、各园区专属的网络门户账号，充分利用微博、微信公众号、视频号等平台，主动发布图文视频，积极对外展示三江源地区的自然奇景和民俗风情，打开对外宣传交流的渠道。

参考文献

[1] 苏杨．十说国家公园体制元年[J]．中国发展观察，2016(1)：50-53.

[2] 鲁华．三江源国家公园发展生态旅游的现实意义[J]．广西质量监督导报，2018(10)：51.

[3] 田美玲，方世明，冀秀娟．自然保护类国家公园研究综述[J]．国际城市规划，2017，32(6)：49-53.

[4] 向宝惠，曾瑜皙．三江源国家公园体制试点区生态旅游系统构建与运行机制探讨[J]．资源科学，2017，39(1)：50-60.

[5] 何小芊，朱青．生态文明视角下中国国家公园体制建设的思考[J]．西部资源，2015(4)：121-123.

[6] NIGEL D. Guidelines for applying protected area management categories [M]. Gland：IUCN Publications Services，2008：65-108.

[7] 马洪波．英国国家公园的建设与管理及其启示[J]．青海环境，2017，27(1)：13-16.

[8] BARRY M. The National Parks[J]. Shaping the system U. S. depar tment of the interior，2000(5)：31-34.

[9] 肖练练，钟林生，周睿，等．近30年来国外国家公园研究进展与启示[J]．地理科学进展，2017，36(2)：244-255.

[10] 张立．英国国家公园法律制度及对三江源国家公园试点的启示[J]．青海社会科学，2016(2)：61-66.

[11] 谢隆征．借鉴加拿大落基山经验的秦岭生态旅游发展策略研究[D]．西安：西安建筑科技大学，2016.

[12] 田美玲，方世明．中国国家公园准入标准研究述评：以9个国家公园体制试点区为例[J]．世界林业研究，2017，30(5)：62-68.

[13] 张建萍．生态旅游与当地居民利益：肯尼亚生态旅游成功经验分析[J]．旅游学刊，2003(1)：60-63.

[14] 吕苑鹃．国家公园的中国路径[J]．国土资源，2015(10)：22-25.

[15] 苏杨，王蕾．中国国家公园体制试点的相关概念、政策背景和技术难点[J]．环境保护，2015，43(14)：17-23.

[16] 吴承照，刘广宁．中国建立国家公园的意义[J]．旅游学刊，2015，30(6)：14-16.

[17] 曹海玲．国家公园建设的意义、观念与模式[J]．青海师范大学学报（哲学社会科学版），2017，39(1)：7-10.

[18] 张朝枝．基于旅游视角的国家公园经营机制改革[J]．环境保护，2017，45(14)：28-33.

[19] 罗金华．中国国家公园设置及其标准研究[D]．福州：福建师范大学，2013：12-183.

[20] 马洪波．对推进三江源国家公园体制试点的思考[J]．青海社会科学，2016(4)：47-51，90.

[21] 李婧梅．三江源国家公园发展思路与建设路径探析：三江源国家公园生态保护与绿色发展学术会议综述[J]．青海社会科学，2016(4)：52-56.

[22] 钟林生，马向远，曾瑜皙．中国生态旅游研究进展与展望[J]．地理科学进展，2016，35(6)：679-690.

[23] 鲁小波，陈晓颖，王万山，等．中国生态旅游研究的焦点探析[J]．林业调查规划，2016，41(5)：94-101.

[24] 王翩，谢培菁．国内生态旅游研究综述[J]．旅游纵览（下半月），2015(4)：224.

[25] 郝芳．农村生态旅游及发展模式探析[J]．林业经济，2014，36(6)：100-103.

[26] 王毅菲．体验经济背景下我国乡村生态旅游的发展模式与效益分析[J]．农业经济，2016(6)：37-39.

[27] 李晓云．乡村旅游全域化发展模式研究[J]．青岛职业技术学院学报，2016，29(4)：55-58.

[28] 王莉琴．全域视角下乡村旅游发展模式[J]．现代商贸工业，2017(24)：32-33.

[29] 祁铭．生态旅游对河北生态城市发展的影响及路径分析[D]．秦皇岛：燕山大学，2015.

[30] 周敦源．生态文明视角下湖州生态旅游发展探讨[J]．湖州师范学院学报，2019，41(1)：13-18.

[31] 刘治彦．我国国家公园建设进展[J]．生态经济，2017，33(10)：136-138，204.

[32] 肖金成．科学促进区域、城乡、人与自然协调发展[J]．区域经济评论，2016(1)：7-9.

[33] 张胜全．从景观生态美的理论探析到辨别指标[J]．四川戏剧，2015(10)：91-93.

[34] 刘冬梅．生态旅游管理与可持续发展研究[J]．旅游纵览(下半月)，2018(12)：161.

[35] 傅治平，于苏光．世居民族的“自然之家”[J]．琼州学院学报，2011，18(3)：9-15，38.

[36] 邓超颖．生态旅游可持续发展动力系统研究[D]．北京：北京交通大学，2012.

[37] 张书颖，刘家明，朱鹤，等．国外生态旅游研究进展及启示[J]．地理科学进展，2018，37(9)：1201-1215.

[38] 王劲璘．生态旅游和大众旅游的比较研究[J]．现代商业，2016(1)：40-41.

[39] 徐锦雅，段文军．论生态旅游与低碳旅游的异同[J]．市场论坛，2017(10)：66-68，88.

[40] 冯立梅．浅谈生态旅游资源的特征类型和评价体系[J]．广东蚕业，2017，51(10)：69.

[41] 张旻．基于政府参与的益阳市乡村生态旅游发展研究[J]．乡村科技，2018(23)：29-30.

[42] 刘常洁．全域旅游视角下升金湖生态旅游影响因素研究[D]．蚌埠：安徽财经大学，2017.

[43] 林敏霞，徐梓淇，张钰．社区参与和生态旅游：肯尼亚经验研究[J]．湖北民族学院学报(哲学社会科学版)，2017，35(5)：55-62，113.

[44] 闫红瑛．影响西藏生态旅游可持续发展因素分析[J]．经济视角(下)，2013(3)：19-20.

[45] 三江源国家公园条例(试行)[N]．青海日报，2017-06-09(6).

[46] 甄雪刚．三江源国家公园运行体系构建的影响因素分析[J]．改革与开放，2017(6)：23-24.

[47] 马芳．三江源地区牧民参与国家公园生态环境保护的法制构建[J]．青藏高原论坛，2018，6(2)：39-43.

[48] 张文兰，仙珠．三江源国家公园对当地牧区社区原住民的影响[J]．林业调查规划，2017，42(4)：152-155.

[49] 梁维．文化保护视野下的民族旅游开发模式评析[J]．社会科学战线，2019(2)：256-260.

[50] 刘晓平，陈生琛．三江源国家公园生态旅游产业创新发展对策研究[M]．北京：社会科学文献出版社，2018.

[51] 卞文志．国家公园体制将全面建立，绿色发展方式将成为主体[J]．资源与人居环境，2018(4)：68-71.

[52] 司慧娟．青海省国土空间综合功能分区与管制研究[D]．北京：中国地质大学，2018.